張元奇

晚清民初詩人・政治家

林伯謙、張慶先、林文強 編著

張元奇──晚清民初詩人・政治家

張元奇遺像

張元奇第二屆國會參議員玉照。（取自維基百科）

張元奇——晚清民初詩人・政治家

光緒29年（癸卯，1903年），張元奇服闋，辭鰲峰書院講席，攜家人北行，與諸弟姪攝於鑑亭石欄南畔。又逾十年（癸丑，民國2年），題字抒懷。（照片由曾孫女張慶先提供）

張元奇——晚清民初詩人・政治家

張元奇闔家照：張元奇與王善航夫人（前排坐者）、長子張用謙、長媳沈佩蘅（站在左右兩側）、長孫張翰才（中排站立較高者）和兩個弟弟亮才、永才、妹妹楚慧（前排左），以及張元奇六個女兒和一位媳婦（後排左三，張元奇次子張用寬夫人）。照片大約1915年拍攝，張元奇55歲。（照片由曾孫女張勝先提供）

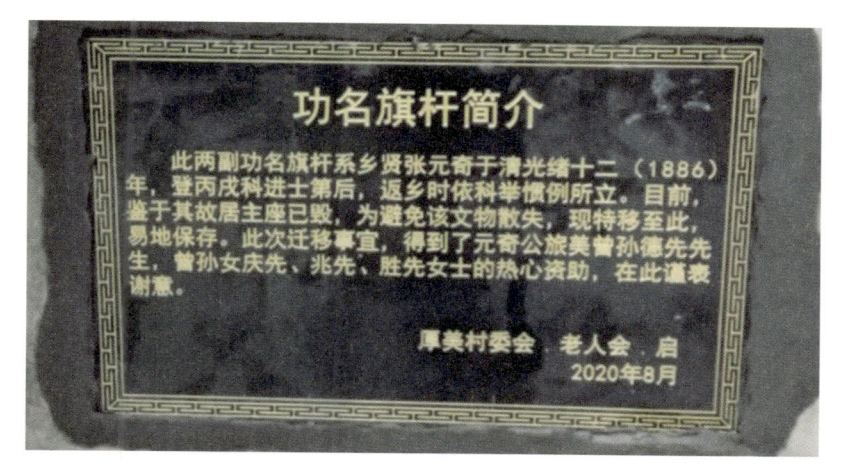

張元奇登丙戌科進士第後所立之功名旗桿石四片，現存於厚美村老人會。2020年由張元奇旅美曾孫張德先、曾孫女張慶先、張兆先、張勝先資助遷移，現存於福建省閩侯縣上街鎮厚美村張氏宗祠老人會。（照片由曾孫張德先提供）

張元奇生前所用五方印鑑,由上而下,自左而右:
張印元奇、君常、知稼軒、張印元奇、翰林御史。
(照片由張德先提供)

張元奇╶╶晚清民初詩人‧政治家

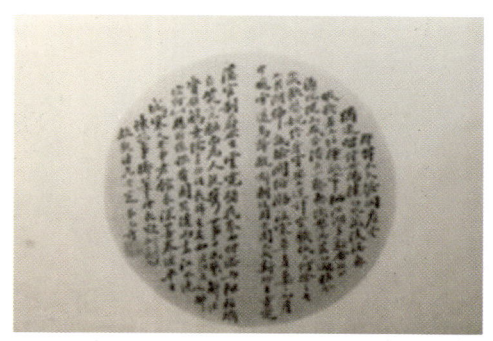

張元奇親筆扇面,一面是詩,另一面是畫。原是長孫張翰才、沈摩訶夫婦所珍藏。(照片由張慶先提供)

張元奇──晚清民初詩人・政治家

照片由張慶先提供:「外曾祖父沈戩清玉照。他既是我外曾祖父,又是元奇公的好友。」

紀南仁兄親家大人閣下:此月寄上寸牋先祺,來有僕奉閩孫慕韓中丞抵東後甚見優待,好音當不在遠,弟責任日重,束縛牽掣,竟日自辰至酉戍無一刻之暇,頑軀如故,精力漸

不日前 令媛歸省 迤寶仕寶
文僕媳照料修不放心乞以一月
為期令其回瀋附呈虎骨飯
油膏廿貼皮桌面二張叕二聊
以伴函敬請
哂存 覺用諮在 葵月必有信

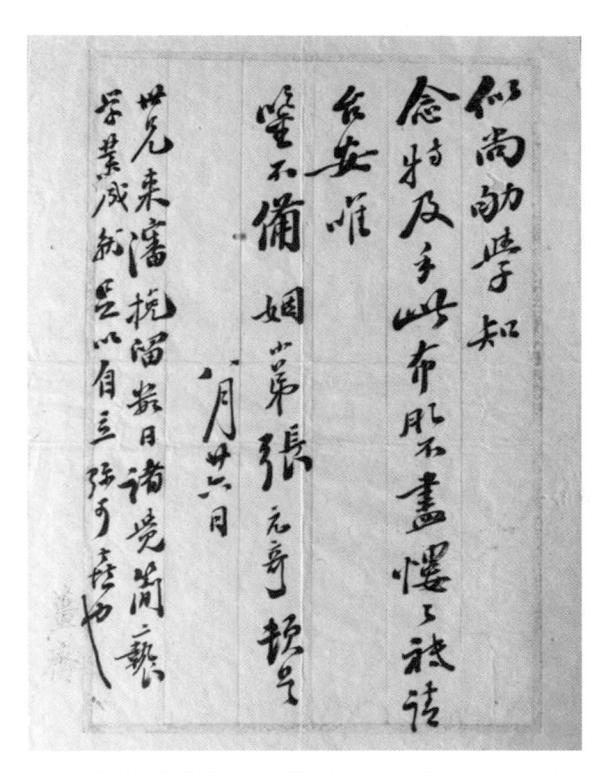

張元奇寫給親家沈戬清（字紀南）信函。（照片由張元奇重曾孫張永崴、張永安提供）

照片由張虹提供:「1985年春,張元奇孫張亮才、孫女張楚慧合資立『張元奇紀念碑』於北京福田公墓。」

張元奇為臺中張家祖廟題寫匾額。（照片由張元奇重曾孫婿林文強提供）

照片由張慶先提供:「祖父張用謙留學英國時攝。」

照片由張慶先提供:「父親兄妹四人少年時合照。右起:張翰才、張亮才、張楚慧、張永才。」

照片由張慶先提供:「1951年,張、沈、吳、陳、高、郭幾家親戚們合照於臺北。站立左後方的是父親張翰才,中排左4是母親沈摩訶,站在右邊第一人是姑母張楚慧。」

張元奇——晚清民初詩人・政治家

照片由張勝先提供:「約1952年在臺北老家門口拍攝。正中間坐著的是董老姑婆,那天是父親替她老人家做整壽生日。站最左邊的是父親張翰才,後排站最左邊的是她兒子董家燮,我們稱他表舅,他的譜系屬於長樂鰲峰董氏第39世,所以應是後來遷到閩侯。他留德,也是運動健將。」

照片由張慶先提供:「1952年,中山堂前親友合照。吳清源第一次被邀請回國,在中山堂做示範賽,我父親張翰才(吳清源的大表哥)邀請在臺北的張家、吳家、沈家親戚們去觀賽,會後親友們在中山堂前合影,前排左6是吳清源,左7是他母親張舒文,左8是他夫人中原和子。第二排站立左1是張翰才。」

照片由張慶先提供:「1966年,吳清源(中坐者)與我母親沈摩訶(他的表姊)、我、外子楊樹滋醫師,在臺北合影。」

照片由張慶先提供:「1966年,吳清源與親戚攝於台北。前排左2高翰教授、左3吳清源、左4吳滌生(吳清源長兄)。後排左起:沈祖籌、楊樹滋。」

照片由吳清源姪子吳寧提供:「吳清源母親張舒文生日合照。中立者張舒文,她身後站立的是她的長子吳滌生,左邊是她的女兒吳蘭、吳清樺和她的孫女,右3是她的甥媳沈摩訶。」

張元奇──晚清民初詩人・政治家

照片由張慶先提供:「1993年攝於北京。前排左起:二孀沈旭春、二叔張亮才、張慶先。後排左起:楊樹滋、張虹。」

1996年，張元奇外孫吳清源夫婦、林海峰受臺北棋會邀請訪臺。由左至右，前排：林海峰、陳文設、吳清源、吳清源夫人、吳清樺。後排：黃龍彥、羅法平、陳燕萍、羅小娟、張勝先、沈祖穆、沈仲宸、許素琿、陳碧玉。（照片由張勝先提供）

照片由張慶先提供:「2001年9月,母親沈摩訶由美國回北京,與分散數十年的張家、沈家親戚們相聚。照片由左而右,前排坐者:沈祖修、沈摩訶、張淵才、張文仲。後排站者:張紅、張虹、楊樹滋、沈呂遂、張慶先、林駉、張銘、張曉帆、王春雪、張曉玉、王森。」

張元奇──晚清民初詩人・政治家

照片由張慶先提供:「2005年攝於美國加州矽谷。母親沈摩訶(中坐者)90華誕壽慶,宴客於美國加州山景城,家人親友們前來祝賀合影。母親是沈葆楨第四代孫女。」

照片由張慶先提供：「2017年10月，表弟沈呂百舉辦『沈氏宗親閩台尋根團』，回福建福州為母親沈氏家族祭祖、掃墓。我和弟張德先、妹張勝先、女兒楊學宜、女婿林文強參加了該團。『沈氏宗親閩台尋根團』團員祭祖掃墓後攝於福建火烽山沈葆楨墓園前。」

張元奇──晚清民初詩人・政治家

照片由張慶先提供:「2018年聖誕節,張家四姊弟,慶先、兆先、勝先、德先四家團聚於美國加州矽谷。」

目次 contents

序｜Continuation of the Trip Back to Homeland:
　　A Short Biography of Zhang Yuan-Qi／張慶先......033

序｜張元奇：詩歌、政治與歷史的交會／張勝先..........038

序｜走近先賢／張虹..................................042

序｜元奇公長女張舒文與棋聖外孫吳清源
　　——我記憶中的祖母、三叔／吳新一..................044

序｜源溯厚美　宗祠祭祖／張君耀......................050

張元奇——晚清民初詩人・政治家
Zhang Yuan-Qi: Poet and Politician at the Dawn
　　of 20th Century China 055

附錄：張元奇生平簡表................................107

張元奇會試硃卷概說..................................124

《知稼軒詩》概說....................................156

《清外史》概說......................................205

〈原任奉天巡按使張君墓誌銘〉概說....................233

後記——不廢江河萬古流..............................249

031

Continuation of the Trip Back to Homeland: A Short Biography of Zhang Yuan-Qi

In October 2017, I journeyed from California to Houmei Village, located just outside Fuzhou in Fujian Province, China, accompanied by my brother Neil and sister Irene. This trip marked the first time in nearly a century that anyone from our immediate family had visited our ancestral village. We were eager to uncover more about our ancestors and delve into Zhang's family history.

During our visit, we had the honor of meeting the elders of our hometown, who revealed that our Zhang family in Houmei traces its lineage back to Zhang Mu of the Tang Dynasty. Zhang Mu was a renowned trader on the Maritime Silk Road and played a key role in constructing the Gan Tang Port in Fujian.

Zhang Yuan-Qi Early Years

Our great-grandfather, Zhang Yuan-Qi (Chang Yuen-Chi, 1858-1922), lived through the tumultuous late 19th and early 20th centuries in China and was originally from Houmei Village.

Despite his modest beginnings, Zhang leveraged his intellect, resourcefulness, and a bit of luck to pursue an education. In 1886, he earned the prestigious jinshi degree in the Imperial Examination. He later became a prominent government official during the final years of the Qing Dynasty and the early years of the Republic of China.

Qing Dynasty

During the Qing Dynasty, Zhang Yuan-Qi served in various ministries and was a member of the Hanlin Academy. Appointed as an Investigating Censor by Emperor Guangxu, he was renowned as an "unwavering gentleman" with a reputation for high integrity. Zhang was known for his candidness and steadfast commitment to his principles. In 1907, as Investigating Censor, he led the impeachment of a member of the Qing royal family for corruption, an event now referred to as the "Ding-Wei Political Tide."

While serving as Governor of Fengtian (now Liaoning Province) in 1908, Zhang observed the plight of numerous homeless peasants who had lost their farmland and turned to banditry and robbery to survive, contributing to social unrest. In response, he founded the first trade vocational school in Northeast China for the impoverished. This institution provided training in various trades, along with food and clothing, for a duration of three years. The initiative was akin to the workhouses in Britain.

Continuation of the Trip Back to Homeland: Short Biography of Zhang Yuan-Qi

In October 1910, a pneumonic plague outbreak struck Northeast China. The airborne nature of the disease caused it to spread rapidly, resulting in approximately sixty thousand fatalities. At that time, Zhang was serving as the magistrate of Fengtian, one of the three provinces in Northeast China. He collaborated closely with public health officials to combat the epidemic, implementing stringent infection control measures such as provincial lockdowns, quarantining the infected, and incinerating contaminated corpses. These efforts successfully contained the plague within six months. Empress Dowager Cixi recognized and commemorated Zhang's crucial role in managing the crisis.

In 1912, Zhang played a key role in drafting the Imperial Edict of Abdication for Emperor Xuantong, which was formally signed on February 12th. This edict laid the foundation for the establishment of the Republic of China.

A man of diverse talents and boundless energy, Zhang ventured into business in the 1890s with his friend Liu Hong Shou, also from Fuzhou. Together, they invested in ships and transported goods along the Min River in Fujian.

Republic of China

In 1912, during the founding of the Republic of China, Zhang was appointed the first Governor of Fujian Province. He later held several key positions in the central government in Beijing, including Chief of the Civil Service and Undersecretary of the Ministry of the Interior.

During his tenure as Governor of Fujian, Zhang, in collaboration with Lin Bin-Chang, the Director of Water Resources, undertook significant flood control projects on the Min River. They dredged the river, constructed flood dykes, and planted bamboo outside the dykes to mitigate the impact of flooding. These measures greatly reduced future flood damage. In 1915, after the completion of these flood control works, a stone monument was erected along the dykes to honor Zhang and Lin for their contributions. Their efforts prevented flooding along the Min River for the next hundred years. Although the monument was removed during development in the 1950s and its whereabouts were unknown for some time, it was rediscovered in 2013 and now stands in front of the Zhang ancestral hall in Houmei.

When his mother passed away in 1919, Zhang returned to Houmei to perform the funeral rites and pay his respects. During this period, he also assumed the role of headmaster at Aofeng Academy in Fuzhou, one of the city's oldest institutions, established in 1707.

Zhang Yuan-Qi's Legacy

In addition to his distinguished public service and business endeavors, Zhang was also a prolific poet and accomplished

Continuation of the Trip Back to Homeland: Short Biography of Zhang Yuan-Qi

calligrapher. His poignant and patriotic poems reflected his deep care for the people, while his elegant calligraphy remains highly valued by collectors today. His work, *History of the Qing Dynasty: My Personal Notes*, provides a detailed account of his experiences while serving at the Qing court.

Meeting the village elders made us acutely aware of the deep reverence that Zhang Yuan-Qi continues to command today. We were deeply moved and truly grateful to learn that the elders were in the process of planning a memorial hall for him in Houmei and compiling an anthology of his works during our visit. Before leaving the village, we commissioned an additional stone monument to honor Zhang Yuan-Qi's life. Both monuments are now prominently placed at the entrance of the Zhang ancestral hall.

The inscription on the original stone monument in Fuzhou, "Serving as an official, benefiting the people of the place," embodies the spirit of my great-grandfather. We are proud to be his descendants and aspire to emulate his example by living with the same integrity, honesty, and dedication to service.

Narrated by Zhang Qing-Xian (張慶先),
the great-granddaughter of Zhang Yuan-Qi,
in July 2024 from Cupertino, California, USA.

張元奇：
詩歌、政治與歷史的交會

　　張元奇（1860-1922）是中國近代的政治家學者，留下豐富的詩歌作品，結集為詩集《知稼軒詩》和歷史評論──《清外史》，並在政壇上有卓越貢獻。他曾被交付重任，起草〈清帝遜位詔書〉，並曾擔任過福建省長、遼寧省長，當選國會議員、經濟調查局總裁。他的書法也很有名氣，東北第一份中文報紙《盛京時報》報頭的四個大字是他題寫的。

　　張元奇擅於寫詩，他將生活中所見所聞，無論是大事或小事，都以詩歌的形式記錄下來。他的詩歌不僅融攝了古典風格與「現代性」的新事物，而且深入民間，並記錄了當時的社會生活，尤其是福建、東北風土民情，可作為中國近代史和台灣史的研究參考資料。

　　張元奇反對恭維之風，堅持以直言和重實記錄清朝歷史。他的《清外史》以客觀角度出發，記錄、評論滿清入關後的十朝史事，他認為記錄歷史事件的真實性至關重要，並通過著作在於教訓後世，以便為國家的永續發展、社會的進步，以及對抗外國侵略找到道路。他的作品不僅是一部史學著作，也是一份自我反思和對國家未來的展望。

　　作為張元奇的曾孫女，他的才能、智慧和對國家的貢獻，

是我的驕傲和激勵。通過學習和理解他的故事，我更加珍惜自己的家族背景和文化遺產。

我盼望通過張元奇的故事，讓更多人了解他的歷史貢獻和人文關懷，並且從他的精神中獲得啟發和力量。

張勝先 Irene Zhang Chang

（元奇公曾孫女）

2024年5月20日　寫於美國加州矽谷

張元奇──晚清民初詩人・政治家

"Zhang Yuan-Qi: A Convergence of Poetry, Politics, and History"

Zhang Yuan-Qi (張元奇；1860-1922) was a distinguished Chinese politician and scholar of the modern era. His life's work encompassed a rich collection of poetry in "Zhi Jia Xuan Shi" (知稼軒詩) and historical critiques in "Qing Wai Shi" (清外史), as well as significant contributions to the political landscape of his time. He was entrusted with with important tasks, participated in negotiations and took charge of drafting the "Proclamation of Abdication of the Qing Emperor" (清帝遜位詔書) and held various influential positions, including Governor of Fujian (福建省長), Governor of Liaoning (遼寧省長), National Assembly Member, and President of the Bureau of Economic Investigation. His mastery of calligraphy was widely recognized, and his strokes graced the masthead of the Shengjing Times (盛京時報), the first Chinese newspaper in Northeast China (東北).

A skilled poet, Zhang Yuan-Qi chronicled his life experiences, both significant and trivial, through the art of poetry. His works not only harmonized classical styles with the emerging "modernity" of the era, but they also delved into the lives of ordinary people, capturing the societal landscape of the time, particularly in Fujian (福建) and Northeast China (東北). These vivid depictions provide valuable research material for the study of modern Chinese and Taiwanese history.

Zhang Yuan-Qi staunchly opposed flattery and ingratiation, insisting on candid discourse and truthful documentation of Qing dynasty history. His "Qing Wai Shi" (清外史) offers an objective, historical perspective on the reign periods of ten emperors following the Qing China. Convinced of the crucial importance of accurate historical records, Zhang believed that his work could guide future generations in the pursuit of sustainable national development, social progress, and resistance against foreign aggression. His "Qing Wai Shi" (清外史) became not only a historical writings but also a medium for self-reflection and envisioning the nation's future.

As the great-granddaughter of Zhang Yuan-Qi, I am immensely proud of his talents, wisdom, and contributions to the nation. In learning and understanding his story, I have developed an even deeper appreciation for my family background and cultural heritage.

My hope is that by sharing Zhang Yuan-Qi's story, more people will become aware of his historical contributions and humanitarian concerns, and in turn, be inspired and empowered by his spirit.

Irene Zhang Chang (Great-Granddaughter of Zhang Yuan-Qi)
May 21, 2024
Written in Silicon Valley, California, USA

張元奇──晚清民初詩人・政治家

走近先賢

　　我的曾祖父張元奇，是一位我不曾見過，卻在潛移默化中對我有著諸多影響的前輩。他從一個沒有背景的平民子弟，靠著聰慧與勤學，通過科舉走上仕途，又因為恪守職責，彈劾皇親遭貶離京。

　　在擔任奉天民政司使時，當地爆發鼠疫。張元奇秉承著愛民如子的信念，廢寢忘食，屢涉險境，策合群力，終於撲滅了這場瘟疫，得到朝廷嘉獎。之後，清政府在奉天召開「萬國鼠疫研究會」，與參會的英、美、法等11國代表共同探討、分享經驗。張元奇的執政能力由此彰顯。

　　1911年5月，吉林船廠發生特大火災。張元奇因有「赴事之勇，負責之專」，被東三省總督派往善後。吉林方面采納了他深入現場調查後提出的整飭措施，使當地消防狀況大為改觀。

　　宣統三年十二月十六日（1912年2月3日），張元奇被提升為學部副大臣。1912年2月12日，隆裕皇太后攜年僅6歲的溥儀，在養心殿將〈清帝遜位詔書〉公布。據1912年2月22日上海《申報》報導：「此次宣布共合，清諭係由前清學部次官張元奇擬稿，由徐世昌刪訂潤色……。」這是張元奇為清王朝收拾的最後一次殘局。有文史專家認為，此詔書的公布，在很大程度上維護了局勢的穩定，實乃百姓之福。參與擬稿者，還有

孫中山、袁世凱、隆裕太后等。

之後，張元奇以冷靜的筆墨，將見聞感思記入《清外史》，於1913年11月出版。

1912年11月，張元奇被中華民國任用，出任福建省首任民政長，遇刺脫險後告假回京。在任期間，他踏勘、撥款加固、營造的防洪工程，讓當地百姓對他念念不忘。

之後，他又在奉天做過一年巡按使，在中華民國第二屆國會上當選為國會議員。1922年逝世，享壽63歲。

曾祖父的這些經歷，我以前了解的並不多。從父親那裏，我聽到的多是關於老爺爺少年勤學和敬業守則的描述。

2019年，由張君耀叔叔執筆的《張元奇傳記》成書。我拜讀後，對這位在社會的大動盪中秉持著讀書人的良知，盡力做好分內之事的先祖更增添了敬仰。

2022年，在慶先、勝先姐，賢光表哥和出版社專家、教授的共同努力下，將張元奇的詩集、著述匯總並加注標點的又一部文獻問世。

今年，由東吳大學林伯謙教授主編的另一新書即將付梓。書中不僅有對張元奇的詩作及著述《清外史》的解讀，還收入了張元奇小傳的英譯。

願有幸讀到的親人、學者，能由此穿越百年，感受到一個肩負重託的中國人骨的硬度、血的溫度。

張虹（元奇公曾孫女　北京日報退休編輯）
2024年5月　寫於北京

元奇公長女張舒文
與棋聖外孫吳清源
——我記憶中的祖母、三叔

　　繦褓年間我在東京的生活，完全不復記憶。四歲時與父、母返國定居戰時的南京，我模糊的記得在那邊上過小學一年級、逃警報進防空洞，二弟吳寧也在那邊出生，祖母那時好像也跟我們一起住，但那都是八十多年前的往事，記憶模糊不清。一九四四年我們家遷到上海，那時正值二次大戰結束前夕，餓殍遍地，我記得每晨步行上學時，都要經過路邊棄置數日沒人管，蓋著報紙的死殍，有時風把報紙掀起，露出蒼白的死臉，至今印象猶存。三弟吳海在二次大戰結束前一個月出生，那是戰亂的時代，我祇模糊的記得祖母、大姑清儀和大姑父、二姑清瑛（吳蘭）、五姑寄子（清樺）那時都在上海，我有些微印象，五姑和祖母跟著我們住過一陣。我祇記得我在南京時滿口日文，抗戰勝利後轉入中文小學，從日文童歌轉唱帶有上海腔的中文童歌。

　　一九四六年四月我們全家搬到臺灣，由於家父精通日文，當時後來與二姑結縭的二姑父派來辦理接收，需要通曉日語的人協助，因此我們在很早時期就已遷台，經歷過二二八動亂，我記憶中祖母、大姑和大姑父、二姑及五姑都在差不多

元奇公長女張舒文與棋聖外孫吳清源——我記憶中的祖母、三叔

同一時期遷台，但不久大姑和大姑父不習慣當時臺灣簡陋的生活條件，搬回上海。遷台早期，祖母在我們家、已婚的二姑家，以及在基隆漁管處任職未婚的五姑處輪流住。我記得在我上初中時，我們住杭州南路，祖母那時住在二姑家，與我們家大約是廿餘分鐘的步行距離，祖母是生在裹小腳的年代，裹足的小腳行動異常不便，我經常騎單車到二姑家接她一同步行到我們家，然後再步行回去。當時我們都沒有電話，聯絡不便，有一次去接她時，她已在路上朝我們家走，我看到她時，單車U型急轉，不慎摔倒，讓她驚嚇，至今仍心有愧疚。祖母住在基隆五姑處時，我也曾乘火車到基隆探望她，但細節已不復記憶。祖母非常怕閃電、雷鳴，每逢雷雨來襲時，她就躺在床上把被蓋過頭，直到雷雨過後方能起床行動。家父、家慈都嗜方城之戲，但我沒有印象祖母在麻將桌上。

一九五二年臺灣圍棋會邀請三叔、三嬸訪台，贈與大國手的封號，那是我有意識後第一次和三叔晤面，但我是小孩，沒有機會、也沒有印象和他對過話。我雖然對圍棋祇是一知半解，但常年耳喧目染的緣故，對黑白子多少都有點瞭解，三叔與林海峰在中山堂那盤兩小時的指導棋，我是現場的記錄。三叔返日後不久就接祖母到日本，這一去就是十幾年，我上高中、大學的年代，祖母都不在身邊，但每年都有一、兩次書信往返。在我上高中時有個星期天，表伯張翰才帶我和表哥高百之（表姨張楚慧的長子）到碧潭划船，但不久表伯就棄世，這對我們表親家庭的衝擊很大，表伯、表姨是祖母大哥的子女，跟我們家是至親。

一九六〇年我大學畢業，次年服完兵役，年底乘基隆輪赴美，基隆輪是貨船，在日本有一星期左右上、下貨的停留，我在大阪下船，乘新幹線的高鐵赴小田原三叔家，我在那邊待了三天，由於我日語完全忘卻，無法與五歲的堂弟信樹、三歲的堂妹佳澄溝通、交談，祖母有時充當翻譯，讓我和堂弟妹略能交談。三叔經常不在家，我祇記得三嬸和她妹妹帶我到東京銀座作一日遊，我七、八歲時殘留的日文尚能勉強和三嬸溝通，當時三嬸的寡母已與三叔的經理人多賀谷信乃結縭，多賀谷十餘年前曾與三叔、三嬸一同訪台，他和家父異常熟絡，我還記得多賀谷夫婦請我吃過飯，但和三叔似乎沒有什麼接觸，臨離開前，三嬸送我一件大衣，一打絨毛襪，和一個肯能（Cannon）相機，那件大衣我穿了卅多年，相機伴我也用了廿多年，但我對照相始終提不起興趣，所以那麼好的相機我並沒經常使用。三天後我再乘新幹線高鐵返回名古屋上基隆輪，繼續我赴美的旅程。

　　來美後起初幾年為學業忙碌，都在處理自己的事，和祖母與三叔、三嬸都沒什麼交往，在那期間三叔因車禍的後遺症，戰績一落千丈，漸從現役棋士轉為對局評論專業，祖母也遷返台，住在寡居的五姑家。我學業結束、成家後，正值臺灣白色恐怖時期，我因柏楊事件，不便返台探親，一九六八年底內人由於岳母病危，帶了三歲的兒子和不到一歲的女兒返台探母，祖母當時還不到八十，能見到曾孫輩，自是異常欣喜，我還記得接過她來過手書，提及四代會晤時歡樂的情景，可惜我既沒有寫日記的習慣，又從不保留舊照、信函，現

祇能憑記憶，略微勾描出半世紀前的往事。一九七六年柏楊出獄，我終能在次年返台，見到年近九十的祖母，她那時身體還很硬朗，沒有任何不適的象徵，但一年後她就過世，享壽八十九。我自小就跟她時常在一起，我稱呼她「歐巴─腔」（おばあくぃん），那是日本小孩對奶奶、外婆的昵稱，寧弟、海弟都跟著我這麼稱呼她。她與我的雙親都叫我日語對小孩的昵稱「新腔」。

　　一九八〇年代初，三叔、三嬸應美國圍棋界的邀請來美訪問，我因住在中西部沒法與行程緊湊在東、西岸各大城市造訪的三叔、三嬸晤面，當時吳海在紐約、吳寧在洛杉磯，他們有否與三叔、三嬸見面，現已不復記憶。一九八六年夏我獲得聯合國的資助，到蘭州草原研究所工作兩個月，回程時路過東京，在那邊逗留了一天去拜訪三叔，那天正好他在留園酒店有餐約，他帶我同行，席開兩桌，大約有廿人左右，都是日本圍棋界的頂尖人物，我現在祇記得年齡與我相仿的大竹英雄九段，由於我日語不行，無法與他們交流，祇記得有幾位來問候當時在美生活的家父。一九九一年夏，我和佑賢、女兒吳翎回臺灣，返程時與到中國和二叔聚會的家父在東京會合，那是家父與三嬸事先聯絡好的安排，三嬸招待我們住在東京有名貴區青山一丁目的一家旅館，在那邊逗留的三、四天裡，白天我們三人在東京到處逛，家父多半跟三叔、三嬸在一起，記得三嬸安排一晚在餐館請我吃飯，在座的還有信樹、佳澄，三堂弟昌樹因在大阪任職，未能見及。席間多半是家父與他們以日語交談，堂弟、妹很少插嘴，我們三人更像呆頭鵝一般，沒法與他

們交流。日本是有名的貴地方，八個人一頓飯下來大約要千元美金的樣子。

一九九四年父親過世後，三嬸不時還寫日文信給我，我也以英文回信給她，她曾託三叔的女弟子芮乃偉九段在訪美時，帶小禮物在美付郵寄給我，她也託三叔的中文助理五段牛力力女士打越洋電話給我，這樣斷續的往來直至三嬸二○一○年左右身體不適後才中斷。我幼時在日本的生活已完全沒有記憶，在三叔訪台時，我已是十幾歲的孩子，我當面稱呼他為三叔，但在家裡從小與父母提到三叔時稱呼他為「三嘎嘎」，我不知這是什麼地方的稱呼，是福州話嗎？由於我對福州話一竅不通，故至今也不知「嘎嘎」的含義。三叔對我們晚輩來言是可望而不可及的神祇人物，與晚輩的交往都是由三嬸出面，我稱呼三嬸為「奧巴桑瑪」（おばさま），日語稱呼姨、嬸為「奧巴桑」，加入尾音「瑪」是對長輩的尊敬，有如中文你與您的區別。三弟吳海英年早逝，據我所知他與三叔幾乎沒有任何交往，二弟吳寧全家曾在上世紀末到日本旅遊時拜望過三叔、三嬸，堂弟昌樹也到過洛杉磯見到吳寧全家。

吳新一
2024年5月22日　草於聖地牙哥

附注／張慶先

文中的祖母，是曾祖父張元奇長女張舒文（1889-1978），她是我祖父張用謙的二妹，我們稱呼她二姑婆。我二姑婆的長

子吳滌生，吳滌生的長子即此文作者吳新一。

二姑婆的三子，是圍棋大師吳清源（1914-2014），即此文中稱呼的三叔。在《棋聖吳清源的回憶錄》中有提到：

> 我的父親吳毅是吳維貞的幼子，我的母親張舒文是張元奇的長女。兩位祖父是同鄉、相識甚早、交情深厚。我的祖父吳維貞對張家長女舒文十分喜愛，想為自己的兒子吳毅說媒，只是張元奇遲遲沒有應允，於是想到大總統徐世昌。因為徐世昌是張元奇的同科進士，兩人交情甚深，於是吳家請徐世昌出來幫忙，徐世昌欣然應允，登門說媒，請老友嫁女，由於吳家的誠意和熱情，張元奇應允了這門婚事。

所以吳清源的父母能喜結連理，紅娘是民國大總統徐世昌。

源溯厚美　　宗祠祭祖

　　2017年11月30日，是吳清源大師逝世三周年的紀念日。大師的女兒為圓其父生前落葉歸根，魂回故里的遺願，而奔走於北京與故鄉福州之間。終於玉成大師歸葬于福州三山陵園及銅像落成揭幕儀式一事。時由鼓樓區人民政府主辦，鼓樓區文體局承辦，《福州晚報》社與福建省圍棋協會、閩都文化研究會、三山人文紀念園、福州宗陶齋藝術館協辦的紀念圍棋大師吳清源的系列活動共計有八項。其間，邀請大師母親的娘家閩侯縣上街鎮厚美村參加各項活動。該村派出以村支部書記、村委會主任張龍魁先生為領隊的數位鄉親代表赴榕參加。其中一項活動在厚美村舉辦：「《福州晚報》社攜手——閩侯縣上街鎮厚美村，於11月28日舉辦一代棋聖吳清源後人回鄉祭祖系列活動。」

拜謁厚美鄉氏宗祠

　　28日上午，棋聖吳清源的女兒、大弟子林海峰夫婦、助理牛力力等一行人驅車回到了厚美瞻仰了張元奇故居，而後進入厚美張氏宗祠拜謁列祖列宗牌位及吳清源的外祖父張元奇的遺像。祭祖儀式由厚美宗親張天柱老師主持，吳佳澄、林海峰夫婦等人一一上三炷香。在宗祠內吳佳澄一行人，細心聆聽張天

柱老師向他們介紹「百忍堂」的來歷，元奇公與張學良父子的故事，以及厚美張氏兩度「十代同堂」的盛會等情形。吳佳澄一行人聽得津津有味，深切感受到濃濃的鄉情。只見吳佳澄女士深情地望著祠內懸掛著的外曾祖父張元奇「進士」匾額，情不自禁地向大家講述幼時多次聽自己的父親吳清源說過外曾祖父神童加學霸的傳奇求學驕人戰績：「鄉試（25歲）全省第76名，會試（26歲，連捷）全國第105名，複試全國第1名，殿試全國第125名，朝考全國第25名，散館考全國第13名，大考翰詹二等。」此後，更是逢考必捷，如比今日從參加高考一路高歌猛進，春風升至「兩院」院士。走出宗祠，望著豎立在眼前兩副功名旗杆，猶如兩位慈眉善目的老者，靜靜地述說著外曾祖父往日在科舉道上所取得的輝煌。

為張元奇功德碑揭幕

今天，厚美村鄉親邀請吳佳澄、林海峰等人為新立的張元奇功德碑揭幕，宗祠前彩門耀眼奪目，彩色氣球迎風飄揚，橫幅歡迎標語引人注目。人群蜂湧、鼓樂喧天，呈現一派喜慶洋溢的景象。

值得一提的是吳清源的外公任中華民國福建民政長期間，曾為福建省城福州及閩江兩岸鄉親做了一件大好事。隨後，張龍魁先生動情地向他們介紹了這件事的始末：「當年，吳清源外公任福建省長期間，冒著生命危險（萬壽橋遇炸脫險）前往倉前山臺灣日商銀行密商借款事宜，為杜絕省城福州及閩江水患而奔波。」接著，張龍魁先生指著功德碑旁的當年

修堤碑娓娓道來，你看，碑文上明確記載著：「為防護省城水患起見，又以此項工程插竹不無關係西鄉水利……。」由此可見，當年張元奇主政福建期間，在閩江西岸修堤，堤外栽竹的大工程是功在當代，利在千秋的大好事。該碑于中華民國四年五月，由時任福建水利局局長林炳章（前清進士、林則徐曾孫、陳寶琛女婿），為紀念張元奇為家鄉福建人民辦實事而立的。吳佳澄女士聽著鄉親們動情的介紹，望著碑文上的文字，往事歷歷在目，不無感慨地說道：「是啊！當年我的父親出生那一天，恰逢福州洪患，家人將兩張八仙桌拼湊在一起，外祖母在桌面上誕下了父親。故父親取名為『泉』，後民國總理段祺瑞先生將其改為『清源』。看來我的父親，這一生與水結下了不解之緣了。」

環翠樓書院續前緣

　　吳佳澄、林海峰一行人，隨後前往厚美環翠樓書院，那裡曾留下張元奇及吳清源少年時代的足跡。該書院位於宗祠南面，是一座名聞遐邇的鄉間園林書齋，已有二百多年的歷史。書院曾遺有林則徐：「朗月照人如鑒臨水，時雨潤物自葉流根」，落款為「愚弟林則徐頓首」的墨蹟。牆上亦存留有張元奇：「積德已從三世種，新詩說盡萬物情」的楹聯。晚清進士何履亨，秀才張啟迪等人均在此執教多年，據啟迪先生的關門弟子，中學退休教師張金水老師介紹：「1921年時逢深秋，張元奇攜子張用謙，女婿吳毅及小外孫吳清源等家人回鄉祭祖時，吳毅與張啟迪先生曾在書院內對弈。兩者棋逢敵

手,相持不下,弈至第63手見吳毅敗局已定。此時年僅7歲,在一旁聚精會神觀局的小清源,居然面無懼色地接手與啟迪先生對弈,僅數手竟反敗為勝,令啟迪先生大為驚歎『後生可畏矣』!」於是啟迪先生思量再三,忍痛割愛將自己的傳家之物——《五行棋譜》,贈給小清源,從而增強了他走上圍棋之路的信心。

在環翠樓書院,吳佳澄雙目凝視書院內的外曾祖父題寫的楹聯,雙手輕輕地撫摸著父親少年時代與啟迪先生對弈時的桌面,嘴裡喃喃自語:「父親我來了,今天我也來到了環翠樓書院了。」此時此景,令在場的父老鄉親無不動容,為血濃於水的親情所感動。這時,張金水老師觸景生情,不由自主地提起了吳大師的大弟子林海峰九段。在一旁的張仁春先生連忙說道:「你老可否知道,久聞大名,未見其人的林海峰老師今天也來到了現場啊!」真可謂一語驚醒夢中人,瞬間,金水老師抬頭一眼認出了海峰老師。頓時,兩雙手緊緊地握在了一起,此時無聲勝有聲,真是有緣千里來相會啊!隨即,張老先生將自己精心之作《閩江蝦》相贈,吳女士則回贈數把父親生前題寫「暗然而日章」的摺扇。激動之餘的林海峰老師則即興揮毫潑墨留下了「師恩千古」的墨寶,以表達自己對張啟迪先生當年對恩師的栽培、提攜知遇之恩。

應旅居於美國加州的張元奇公曾孫女張慶先女士之約,拙筆將當年棋聖吳清源大師之女吳佳澄女士一行人,回外曾祖父元奇公厚美老家省親祭祖一事作一贅述。鑒於本人學識淺薄,水準有限,懇請本新書主編臺灣東吳大學林伯謙教授費心

多加指正、修改,在此謹表謝意。

元奇公族弟張君耀
2024年5月於福州

張元奇

晚清民初詩人・政治家

張元奇
——晚清民初詩人‧政治家
Zhang Yuan-Qi:
Poet and Politician at the Dawn of 20th Century China

張慶先（Zhang Qing-Xian） 著

林伯謙 輯補

　　張元奇（1860-1922），字君常，號珍五（又作珍午、貞午），晚號薑齋，福建省侯官縣（今閩侯縣）上街鎮厚美村人。自幼天資聰穎，飽讀詩書，光緒十一年（乙酉，1885）二十五歲中試舉人；隔年（光緒十二年，丙戌，1886）中進士。光緒、宣統年間，歷任翰林院庶吉士、翰林院編修、監察御史、湖南岳州知府、奉天錦州知府、奉天民政使、學部副大臣。

　　民國後，擔任職務有：1912年內務部次長、中華民國福建省第一任省長（時稱民政長）；1914年5月，政事堂銓敘局局長，同年9月任奉天巡按使（今遼寧省省長）；1915年內務部次長兼參政院參政；1916年肅政廳都肅政史；1918年8月，在中華民國第二屆國會，當選國會參議院議員；1920年5月，經

濟調查局總裁。

臧勵龢主編《中國人名大辭典》所列人物止於清末；張撝之等主編《中國歷代人名大辭典》僅迄於辛亥革命，都未能收入張元奇小傳。河北人民出版社梓行徐友春主編《民國人物大辭典》，其中雖已收錄，但生卒事蹟訛誤疏漏不少。另外專書、學位論文有1994年12月，陳志新等編《瀋陽文史資料》第21輯〈奉天‧張元奇〉；2015年6月，香港中華書局出版卜永堅、李林主編《科場‧八股‧世變——光緒十二年丙戌科進士群體研究》下編第十章〈「不變」的士紳張元奇〉；2017年12月，孫浩宇吉林大學博士論文《《盛京時報》清末詩詞研究》第四章〈《盛京時報》清末詩詞‧東省章〉第二節〈張元奇篇〉皆有涉及，而張君耀蒐羅排列史料，先是完成《張元奇生平事蹟》，再以厚美村史編纂編輯部名義，於2019年6月出版《張元奇傳記》，為目前所見最詳著作。今再佐以《知稼軒詩》、《清外史》、〈原任奉天巡按使張君墓誌銘〉等相關文獻，舉述其生平大端，以發潛德之幽光。

From an early age, my great grandfather, Zhang Yuan-Qi (張元奇), had always been a gifted and well-read man. In the 11th year of Emperor Guangxu's reign (1885), at the age of 25, he gained the Provincial Graduate (舉人) rank; in the following year (Bingxu year, 1886), he gained the Metropolitan Graduate (進士) rank. After which, he first became a member of the Hanlin Academy (翰林院庶吉士), serving as Hanlin Junior Historiography Compiler (翰林

院編修). Later on, he was appointed as Investigating Censor (監察御史), Prefect (知府) of Yuezhou, Hunan (湖南岳州), and Jinzhou, Fengtian (奉天錦州), and Commissioner of Fengtian Civil Affairs Division (奉天民政使) during his years in the Qing Dynasty Court.

After the fall of the Ching Dynasty in 1911 and during the Republic of China (ROC) era, he was appointed to numerous positions including the first Governor of Fujian Province (known as Commissioner of Civil Affairs Department at the time) in 1912; Director-General of Civil Servant Bureau of Executive Council in May 1914. In September of the same year, he was appointed the Fengtian Regional Commissioner (currently known as Governor of Liao Ning Province).

In 1915, he was appointed the Deputy Minister of Internal Affairs and Vice Minister of the Council of State. In 1916, he was

民國3-5年（1914-1916）奉天公署使用的「奉天巡按使印」。
The seal of Fengtian Regional Commissioner was used for official purposes between the 3rd and 5th years of ROC (1914-1916).

appointed the Surveillance Commissioner. In August 1918, he was elected as a Senator of the Second National Assembly. In May 1920, he was appointed the Director-General of the Economic Survey Bureau.

一、光緒末年彈劾載振

張元奇不畏權勢,直言敢諫,曾經彈劾慶親王奕劻長子載振。慶親王奕劻是乾隆曾孫,也是宣統三年(1911)首任內閣總理大臣,當光緒二十六年(1900)八國聯軍,清廷大潰,他受命與李鴻章代表簽訂辛丑條約,是庚子議和之後,慈禧最信任的紅人。其子載振於光緒二十八年(1902)奉派為英王愛德華七世加冕專使,並到法、比、美、日訪問;隔年赴日本大坂考察,成為新設商部(後來改稱農工商部)尚書。民初許指嚴在所著《十葉野聞》中說:

「慶王奕劻之貪婪庸惡,世皆知之,其賣官鬻爵之夥,至於不可勝數。人以其門如市也,戲稱之曰『老慶記公司』,上海各新聞紙之牘尾,無不以此為滑稽好題目。蓋前此之親王、貝勒入軍機當國者,未嘗有贓污貪墨如此之甚者也。初,慶王以辛丑和議成,大受慈眷,然實李文忠(李鴻章)未竟之功,而王文韶為之助成,慶王可謂貪天之功矣。顧榮祿未死以前,慶王實絕無議政權;及榮祿死,太后環顧滿人中,資格無出慶右者,遂命領袖軍機,實則太后亦稔知慶之昏庸,遠不及榮祿也。慶之政策無他謬巧,直以徇私婪賄為唯一伎倆,較之樹黨羽以圖權勢者,猶為未達一間。其所最喜者,多

獻禮物，拜為乾兒，故門生、乾兒滿天下，然門生不如乾兒之親也。」

《十葉野聞》還記奕劻福晉（此詞彙來自滿語，為清代親王、郡王妻室的封號）挾銀票數萬入宮打麻雀（麻將），輸贏幾十萬也是尋常，就當成宮闈交際，所以沒貪污還真不行；而長子載振也在天津設賭場，實際是收賄賣官，「凡欲夤緣得優美差缺者，無不麕集於此。」

因此光緒二十九年（1903）九月，御史蔣式瑆上奏：「軍機大臣慶親王奕劻素有好貨之名，入直樞廷以來，曾幾何時，收受外省由票號匯集之款，聞已不下四十萬兩，其在京師自行饋獻者尚不知凡幾，賄賂公行，門庭若市。」此次彈劾因無實證，被壓了下來。《清史稿·奕劻傳》記載隔年三月蔣式瑆又上疏：「『戶部設立銀行，招商入股。臣風聞上年十一月，慶親王奕劻將私產一百二十萬送往東交民巷英商匯豐銀行收存。奕劻自簡任軍機大臣以來，細大不捐，門庭如市。是以其父子起居、飲食、車馬、衣服異常揮霍，尚能儲蓄鉅款。請命將此款提交官立銀行入股。』命左都御史清銳、戶部尚書鹿傳霖按其事，不得實，式瑆回原衙門行走。」

蔣式瑆彈劾奕劻，指其父子生活豪奢，尚能儲蓄一百二十萬在英商匯豐銀行，全都因大大小小各項貪瀆而來；況且當時戶部初設銀行，招商入股，奕劻更應以身作則，將此鉅款提交入股才是。結果朝廷派清銳、鹿傳霖調查此事，蔣式瑆以彈劾不實免去御史職務，重回翰林院工作。

彈劾當權顯貴，總是吃力不討好。根據《清史稿·載振

傳》記載：「（光緒二十九年）十月，御史張元奇劾載振宴集召歌妓侑酒。上諭：『當深加警惕，有則改之，無則加勉。』……（三十三年五月）御史趙啟霖奏：『段芝貴善於迎合，上年貝子載振往東三省，道經天津，芝貴以萬二千金鬻歌妓以獻，又以十萬金為奕劻壽，夤緣得官。』上為罷芝貴，而命醇親王載灃、大學士孫家鼐按其事，不得實，奪啟霖官。」

載振被糾彈兩次，張元奇彈劾載振與蔣式瑆第一次彈劾奕劻時間接近，似有聯手痛擊大老虎的用意；趙啟霖則彈劾奕劻父子接受袁世凱義子段芝貴賄賂，段為了討好奕劻父子，不僅以一萬二千兩買下歌妓楊翠喜，獻給載振為妾，又以十萬兩為奕劻祝壽，於是連升三級，擢任為黑龍江巡撫。

當時朝廷命載灃、孫家鼐詳查此事，兩人竟然覆命：查無實據。於是趙啟霖遭到革職處分。上諭：「該御史於親貴重臣名節所關，並不詳加察訪，輒以毫無根據之詞率行入奏，任意污衊，實屬咎有應得。趙啟霖著即行革職，以示懲儆。朝廷賞罰，一秉大公，現當時事多艱，方冀博采群言，以通壅蔽，凡有言責諸臣，于用人行政之得失，國計民生之利病，皆當剴切直陳，但不得摭拾浮詞，淆亂觀聽，致啟結黨傾陷之漸。嗣後如有挾私參劾，肆意誣罔者，一經查出，定予從重懲辦。」

此案轟動一時，輿論譁然，《清稗類鈔》也記一筆，加以嘲諷：「載振為藏嬌，千『載』一時名大『振』。」由於發生於丁未年（1907），又涉及清流派與北洋派的激烈爭權，故史稱「丁未政潮」。而從蔣式瑆、趙啟霖的彈劾遭到免職，正足

以推知張元奇奏劾權臣的勇氣。

張元奇奏劾之事起因於載振身為商部尚書，在余園宴請賓客，卻招來天津名妓謝珊珊侑酒，朝廷高官公然狎妓，違反官箴，有失體統，因此遭張元奇彈劾。然而皇上諭旨說：「御史張元奇片奏商部尚書載振，在余園等處，朋聚宴飲等語。現在時事艱難，朝廷宵旰憂勞，無時或釋，大小臣工，自當戰兢惕厲，各勤職守。載振分屬宗支，所管商部，關係綦重，應如何奮勉謹慎，一意奉公，何心娛樂遊讌。其中應不止載振一人，在載振尤當深加警惕，有則改之，無則加勉。此外王公及大小臣工，均當互相儆戒，束身自愛，勤供職業，共濟時艱，毋負朝廷諄諄誥誡之至意。」「有則改之，無則加勉。」等於對皇家宗室的違法行徑輕輕放下，才有貪贓枉法情事不斷的爆發。

在羅癭公《鞠部叢譚》也記錄載振被兩度糾舉之事：「貝子載振眷南妓謝珊珊。一夕與珊珊合演劇於城東某花園，珊珊親為貝子傅粉，御史張元奇露章劾之，明諭責載振。吾當時曾撰一傳奇志其事，詞藻頗豔，以畏權貴不敢示人，今稿已失去矣。女妓之名見上諭者，為謝珊珊與女伶楊翠喜，皆載振事也。楊翠喜之案，牽動朝局甚大。瞿善化（瞿鴻禨）之被逐、岑西林（岑春煊）之移官、袁項城（袁世凱）之入相，皆緣此案而起，翠喜為傳人矣。翠喜明麗，光照四座，吾在津屢見之。王克琴與齊名，不能及也。克琴後適張定武，翠喜仍在王小五家，今年長矣。京師向禁女伶，女伶獨盛於天津。庚子聯軍入京後，津伶乘間入都一演唱，回鑾後，復厲禁矣。」

文中所說「明諭責載振」，是把事情誤解、簡化了。《清史稿》記載振被劾，便故意請求去職，但上意不許：「旋請開缺，未許。」可見朝廷對他的偏袒。此處的「開缺」，或以為是張元奇彈劾不成，請求去職，並不適切，因本傳傳主是奕劻父子，所以是載振請求去職才正確。

王贛《今傳是樓詩話》記張元奇彈劾權臣的後果說：「薑齋官諫垣時，疏劾親貴，頗有直聲，出守巴陵，時論所惜。」陳衍《石遺室詩話》卷五評張元奇遭貶詩風也說：「岳州為張燕公淒惋得江山助處，於公最稱，故詩筆皆壯於發端，而千憂百悲，中間時時流露。」至於張元奇《清外史‧臺諫三霖》評論御史彈劾的下場，也說得很清楚：

「當奕劻父子之專權也，攖其鋒者立糜碎。時臺諫中有『三霖』焉，均矯矯不阿者：湘，趙啟霖、閩，江春霖、桂，趙炳麟是也。趙啟霖首揭其奸，革職。江春霖繼之，回原衙門。兩君雖鼓勇直前，捋虎鬚而探虎子，奈負嵎已固，終不能挫其威。而兩君均回籍矣，惟趙炳麟未忤巨奸，幸而得保。（按前三君時，有蔣侍御式瑆，劾奕劻貪穢事，回原衙門。）」

另外《清外史‧宣統時代之「市場」》則可作為奕劻父子枉法賣官的定評。「市場」乃是貨品交易買賣的地方，奕劻宅邸變成了「大市場」，真是諷刺傳神：

「奕劻當國最久，各省督撫大半出門下，凡官脾之熱心者，莫不以狗竇得入為幸。段芝貴、楊翠喜前事，其污穢已駭人聽聞矣，而當時疆臣如陳夔龍、朱家寶、孫寶琦一流，層

見疊出。陳妻拜奕為義父；朱子拜奕子載振為義父，報上所載『本來雲貴是鄉親』即指陳朱二人也。孫則與奕為姻親；故奕劻之邸，成『大市場』焉。」

I. Initiating Impeachment of Zai Zhen in Late Guangxu Reign

Zhang Yuan-Qi was fearless of the powerful and not afraid to speak the truth. He once impeached Prince Zai Zhen (載振), the eldest son of Prince Yi-Kuang (奕劻). Prince Yi-Kuang was the great-grandson of Emperor Kangxi and was also the first Prime Minister of the Imperial Cabinet in the third year of Xuantong's reign (1911). In the 26th year of Guangxu's reign (1900), the Qing dynasty suffered a catastrophic defeat in the invasion of the Eight-Nation Alliance. Prince Yi-Kuang and Li Hongzhang (李鴻章) were tasked to represent the Qing court in signing the Boxer Protocol (辛丑合約). After the negotiation for Boxer Indemnities, Prince Yi-Kuang became the most trusted advisor of Empress Dowager Cixi (慈禧太后). His son, Prince Zai Zhen, was assigned to be the special envoy to attend the crown ceremony of Edward VII of the United Kingdom and head a field mission to France, Belgium, America, and Japan. The following year, Prince Zai Zhen headed another field mission to Osaka, Japan, and took office as the newly established Minister of Commerce (the ministry was renamed the Ministry of Agriculture, Works, and Commerce).

Initiating an impeachment of the rich and powerful has always been a grueling undertaking. In October of the 29th year of Guangxu's reign, as a censor, Zhang Yuan-Qi initiated an impeachment against Prince Zai Zhen for debauchery and alcoholism. His Majesty's directive read, "The Prince shall remain wary. If he indeed engages in such activities, he shall rectify his behavior. Else, he shall maintain cautiousness and distance himself from such activities." The impeachment occurred in 1907, which got caught in the power struggle between Qingliu and the Beiyang factions. It is known as the "Dingwei Political Wave" (丁未政潮) in history.

二、奉天行政長官任內政績卓著

光緒三十三年（1907），張元奇出任東北奉天錦州知府；同年底擢任民政使；1914年再出任奉天巡按使。1929年張學良任東北政務委員會主任委員（後改稱主席）時，國民政府國務會議決議改奉天省為遼寧省，以省名「奉天」二字含有濃厚的君主色彩，於是取「遼河流域永久安寧」之意，於民國十八年（1929）1月28日，將「奉天承運」的奉天省改名遼寧省。

張元奇在奉天建貧民習藝所：張元奇擔任民政使，據《清實錄光緒朝實錄》記光緒三十三年十二月二十五日（壬午）諭旨：「以京畿道監察御史吳鈁為奉天提法使，奉天驛巡道陶大鈞為交涉使，東邊道張錫鑾為度支使，錦州府張元奇為民政使。」民政使是民政司主官，所以也稱民政司使，〈原任奉

天巡按使張君墓誌銘〉即說:「時徐公已總督東三省,追甄前勞,以錦州守,奏署奉天民政司使。」他在任內,曾多次於視察中發現奉天治安的嚴重問題,因為大批的弱勢群體遍佈在城鄉各地,已是奉天潛在的不安因素;加上當地華夷雜居,百廢待興,張元奇認為這是奉天社會發展與社會秩序最嚴峻的挑戰。因此,光緒三十四年(1908)下令開辦奉天貧民習藝所,招收貧民習藝,供給伙食服裝,三年畢業。此乃全國貧民習藝之首創。之後,在安東、遼陽、營口等地亦相繼設立貧民習藝所,教導貧民習藝,使其有一技之長,能維持自身基本生活,這才是絕盜匪之根源、保地方安寧的治本之道。貧民習藝對當地的發展和治安有極大助益,這是我國最早的職業訓練所。

奉天民政司檔案目前留存26卷,時間在光緒三十三年至民國元年(1907-1912),也就是張元奇任職之際,相當難得。除了讓貧民習藝,還有官吏禁煙查驗所、巡警總局、鄉鎮巡警局、衛生醫院、高等巡警學堂、巡警教練所、同善堂、濟良所、探訪局等機構設置。同善堂是近代中國東北最大規模的慈善機構;濟良所是「失足婦女(娼妓)」的救濟站;探訪局是打探訊息的單位;此外,設立粥廠濟助貧民,還指派負責官員,僱用工作人員與粥夫,採購米麵柴薪,發給貧民就食票證,並請警察維護秩序,做了不少社會扶助工作。

宣統二年(1910)東北爆發鼠疫事件,起初是中俄邊境發生鼠疫,很快就蔓延到了東三省,死亡人數高達六萬多人。《東三省疫事報告書》收錄民政部小京官侯毓汶撰寫

〈疫之源〉,說明疫情起因:「距滿洲里十里,有地名達烏里亞者,該處於九月初旬,已有鼠疫發生。凡捕捉旱獺者,歸途必以達烏里亞為暫憩處,故此次滿洲之鼠疫,大約始於達烏里亞,由達烏里亞延及滿洲里,繼由滿洲里以次延及各處⋯⋯。滿洲鼠疫確源於捕旱獺者,該患者於潛伏期間必與達烏里亞華工棚內之人相接觸,故九月中旬忽有七人之暴死。俄人知該病之可恐,遂將該棚內華工一律逐出。滿洲里與達烏里亞間傳染之媒介,實即被逐之華工,遂釀成此三省最慘最烈之疫症。」

當時清廷任命施肇基為防疫大臣,主持東北防疫工作,又委任天津陸軍軍醫學堂副都督伍連德為總醫官。同年12月,東三省總督錫良上奏清廷,據《東三省疫事報告書・會奏防疫事宜,請俟竣事,照異常勞績保獎摺》,當時奉天省城特設防疫總局,錫良委任民政司張元奇、交涉司韓國鈞,「總司其事」。目前在張元奇《遼東續集》也收有〈元旦大雪深逾尺,謝絕賓客獨坐,但默冀祥霙大沛,或疫癘之早消也〉、〈防疫二首〉等相關疫情記事詩。

疫情歷經半年,也就是到宣統三年(1911),終於成功控制。鼠疫撲滅後,錫良又專摺奏請朝廷獎勵張、韓二人。《東三省疫事報告書・東三省總督錫良為奉天民政使張元奇等員殫精極慮調度得宜請獎事片》記載:「奉省疫氛刻期撲滅,為臣始料所不及。當臘正之交,幾有猝不及防之勢,醫藥、設備無一應手,稍一延緩,外人便執世界人道主義以肆責言;操之過急,群情又百端疑阻。地方官吏本無經驗,或偏

信中醫，固執不化，充其不忍人之心，以姑息為仁愛，亦足以助長疫勢，使地方糜爛。卒能策合群力，迅赴事機，以竟全功，實惟總辦防疫之奉天民政使張元奇、交涉使韓國鈞，熱心毅力，調度得宜，有以致此。在該司等昕夕籌維，不遑寢饋，雖據聲稱不敢仰邀議敘，臣親見其殫精極慮，心力交瘁，委未忍沒其勞勤。擬請旨嘉獎，以昭激勸，出自逾格鴻慈，謹附片具陳，伏乞聖鑒訓示。謹奏。宣統三年四月十七日。」

於是朝廷下旨防疫有力者予以嘉獎。《大清宣統政紀》卷五十三記載：「以辦理防疫出力，奉天民政使張元奇、交涉使韓國鈞、錦新營口道周長齡等，傳旨嘉獎。」同年，日本天皇亦贈送張元奇、韓國鈞等人胸章以示獎勵，清廷亦准許他們「收受佩帶」，《大清宣統政紀》卷六十云：「（新任）東三省總督趙爾巽奏：『日皇贈與奉天民政使張元奇、交涉使韓國鈞、道員祁祖彝、直隸州知州王恩紹等勛章品物，可否准其收受佩帶？』得旨，准其收受佩帶。」

另於同年4月，在奉天由防疫總醫官、現代醫學先驅伍連德博士擔任會議主席，召開「萬國鼠疫研究會」，這是近代在中國本土舉辦的第一次真正有意義的世界學術會議。出席會議的代表有英、美、法等三十四位醫學界代表及各國專家，會中對東北抗鼠疫行動給予高度評價。《東三省疫事報告書》署名奉天全省防疫總局編，實由張元奇擔任總纂，原稿存於遼寧省圖書館，而李文海、夏明方主編，天津古籍出版社印行《中國荒政書集成》第十二冊亦有收錄。

2011年4月3日於北京大學人民醫院「伍連德講堂」舉行紀念活動與學術研討會，紀念「萬國鼠疫研究會」一百週年。伍連德是中國醫學史上第一位以科學防疫，並獲得政府支援而成功控制大型瘟疫的醫學家。他親手進行中國第一例病理解剖，是世界首位提出肺鼠疫的學者，也設計出第一款口罩，把外科紗布摺疊起來，中間襯上一塊藥棉，再把兩端剪開做綁帶，防止飛沫傳播，還倡導就餐者每人一份飯菜，自己享用。先進的科學觀念，至今依然造福世人。

II. Outstanding Performance as Fengtian Official

In the 33rd year of Guangxu's reign (1907), Zhang Yuan-Qi was appointed the Prefect of Jinzhou, Fengtian. At the end of the year, he was promoted to Commissioner of Fengtian Civil Affairs Division. In the 3rd year of ROC (1914), he was appointed Fengtian Regional Commissioner. Fengtian is known as Liaoning Province nowadays. In 1929, when Zhang Xue-Liang (張學良) was appointed the Chairman (later changed to President) of the Northeast Political Council, the Political Consultative Assembly of the Nationalist Government decided to change the name of Fengtian Province to Liaoning Province, as "Fengtian" bore dynastic characteristic, while "Liaoning" denoting the eternal peace of the Liao River region. On January 28, the 18th year of ROC (1929), Fengtian Province was officially renamed Liaoning Province.

Established vocational school for the poor in Fengtian: As the Commissioner of the Civil Affairs Division, Zhang Yuan-Qi found that the security in Fengtian was terrible after numerous inspection tours. This was because a sizeable underprivileged population scattered in many regions of the province became Fengtian's potential social unrest factor. Compounded by an intermingled population of different ethnicities inhabiting proximity nearby and backward economic development, Zhang Yuan-Qi opined that both factors posed the most critical challenges for Fengtian's social development and order. As such, in the 34th year of Guangxu's reign (1908), he ordered the establishment of vocational schools for the poor in Fengtian, recruiting the underprivileged to learn skills. Food and clothing were provided, and students were set to graduate in three years. This was the first vocational school in the country. Subsequently, he also established similar vocational schools in Andong, Liaoyang, Yingkou, and other areas, teaching the poor skills so that they were able to make a living using their newly acquired competencies. It was the fundamental solution to eradicate banditry and protect the peace of communities. The training provided to the underprivileged proved exceedingly helpful to local development and security. This was also the earliest vocational school established in our country.

In the 2nd year of Xuantong's reign (1910), the northeast region saw an outbreak of bubonic plague (Black Death), the Manchurian Plague. At first, the plague occurred at the border of China and Russia. Soon, it spread like wildfire to the three northeastern provinces and claimed over 60,000 lives.

At the time, the Qing court appointed Alfred Shi Zhao-Ji (施肇基) to take charge of endemic prevention in the northeastern provinces. Meanwhile, Vice Commander-in-chief, Wu Lian-De (伍連德) from Tianjin Army Medical College, was appointed the physician in charge. The endemic prevention center was established in Fengtian capital, where Zhang Yuan-Qi, the Commissioner of the Civil Affairs Division, and Han Guo Jun (韓國鈞) from the Foreign Office were appointed to take charge of significant roles. Both led the endemic prevention effort, working relentlessly and facing life-threatening challenges numerous times. Their bravery in stepping up to hardship and focusing on responsibilities was unrivaled by mediocre and sycophantic officials at the time. Six months after the epidemic first broke out, i.e., in the 3rd year of Xuantong's reign (1911), it was finally under control. After the bubonic plague was eradicated, the Commander-in-chief, Hsi Liang (錫良), submitted a special-purpose memorial to the court to accord commendation to both Zhang and Han. The Emperor of Japan also accorded badges to them to endorse their contribution.

In April 1911, the Qing government convened the International Plague Conference, chaired by Professor Wu Lian-De. This was the first world-class academic conference that was of significance to be called in China. Thirty-four experts from the UK, US, France, and many other countries attended the meeting, who extended high

張元奇──晚清民初詩人・政治家

1911年，在哈爾濱整裝待發的消毒車。張元奇〈防疫〉詩云：「哀哉哈爾濱，嚴寒蘊深毒。寬城當其衝，遼瀋為之續。」
In 1911, the vehicles were sterilized in Harbin before departure for disinfecting tasks. Zhang Yuan-Qi wrote an Endemic Prevention Poem. This poem is a somber reflection on the historical hardships faced by the northeastern cities of China, particularly evoking a sense of coldness that goes beyond physical temperature and hints at an underlying "malicious virus" or suffering. The deeper breakdown of each line:

1. **哀哉哈爾濱**：This line is an expression of sorrow or mourning for Harbin, lamenting the struggles or pains it has endured.
2. **嚴寒蘊深毒**：This line suggests that the notorious winter cold is not merely a natural phenomenon but also metaphorically hides something sinister or harmful within.
3. **寬城當其衝**：This line describes that Changchun has taken the impact of hardships head-on.
4. **遼瀋為之續**：This line indicates that the difficulties extend to neighboring regions, such as Liaoning and Shenyang, which also experience the ripple effects of hardship.

regard for the endemic prevention effort in the Manchurian Plague. Zhang was the chief editor of the *Endemic Prevention of the Three Northeastern Provinces Report* published by the Fengtian Endemic Prevention Bureau. The manuscript of the report is currently kept in the Library of Liaoning Province.

On April 3, 2011, Bejing University People's Hospital convened an academic conference in the Wu Lian-De Auditorium to commemorate the 100th anniversary of the International Plague Conference.

三、奉職東北，愛國情操強烈

清末以來，列強覬覦中國，東北地區以日本的侵略為最甚。疆吏職責重大，張元奇在政壇上不但有膽識，更有忠貞愛國的情操。

日本當年在東三省，以各種手段非法侵佔土地，張元奇擔任奉天行政長官期間，對此均採取嚴加防範的行動。當時凡是索要、接收等同被日英佔去的房舍，以及日英領事擬佔用、租用房舍所引起的交涉活動，便是由民政司一概負責。民國3年，張元奇任奉天巡按使時，中國第一部槍枝管理法規〈管理收藏槍枝規則〉已頒布，規定私人持槍必須以「公共防衛或自衛財產為目的」，只有官方核准的地方團體、商會，以及有正當職業的住戶和納五等捐以上的店舖，才能合法持有槍枝。警察部門會備案子彈數目，在槍枝上烙印，並頒發槍照。因此張元奇任內，除持續對日本人非法租借、購買、侵佔土地予以嚴防，並沒收違反〈奉天省槍枝、武器、彈藥管理條例〉的武

器，維護公署的權威和尊嚴。

民國3年8月17日，日軍在奉天昌圖縣八面城舉行軍事演習時，挑釁滋事，與中方軍警發生衝突，並以此為藉口，向鄭家屯（今吉林雙遼市）派兵一個中隊，強行駐紮；同時，侵駐昌圖縣之日軍還與當地鄉團發生衝突，槍殺團總一人，綁走團丁數名，此即所謂「昌圖案」。中研院近代史研究所出版《中日關係史料一般交涉（上下）：民國元年至五年》，即收錄多封張元奇交涉昌圖案的電文、公函。張元奇與日方談判過程置生死於度外，針鋒相對，寸步不讓，種種有力的舉措，令日人恨之入骨，暗中刺探到其天津的住所，準備實施暗殺行動。所幸張元奇於翌年回京任職，才躲過一劫。

III. Serving in the Northeast, With a Strong Sense of Patriotism

In the late Qing era, China was coveted by many powers. The Japanese invasion hit the country's northeastern area the hardest. Officials in the area had significant responsibilities to shoulder. Zhang Yuan-Qi was not only fearless in the political arena but also immensely patriotic.

The Japanese were annexing lands in the three northeastern provinces using illegal means. As the chief executive of Fengtian, Zhang had been taking precautions in response to the Japanese aggression. Negotiation involving cases of residence solicited or displaced by the Japanese and British invaders was under the purview of the Civil Affairs Division. As of the 3rd year of ROC, when Zhang served as the Fengtian Regional Commissioner, the first statute pertaining to gun laws—Regulations Governing Gun Possession—was promulgated, providing that private arms must do "the purposes of public defense or self-defense of one's property." Only local organizations, commercial associations, residents with decent occupations, and stores that paid income tax levels five and above were allowed to own firearms legally. The police department would prepare the number of bullets needed for a case, imprint their firearms, and confer gun licenses. Therefore, during his tenure, Zhang did his best to forestall any illegal leasing, acquisition, display, and placement initiated by the Japanese invaders and confiscated firearms that violated the Regulations Governing Firearms, Weapons, and Ammunition of Fengtian Province, protecting the authority and dignity of the government agency.

On August 17 of the 3rd year of ROC, the Japanese army held a military exercise in Bamiancheng (八面城), Changtu County (昌圖縣). The Japanese military provoked the Chinese police during the training, and conflict broke out. The Japanese army took advantage of the circumstances and forcefully stationed a squadron in Zhengjiatun Residential District (鄭家屯, currently known as Shuangliao, Jilin). Meanwhile, the clash between the Japanese army in Changtu County and the local militia resulted in one army commander being shot and several corpsmen abducted. This was known as the Changtu Incident (昌圖案). *Historical*

Records for General Negotiation of the Republic of China and Japan for the Period Between First to Fifth Year of ROC (Volume I and II) published by Institute of Modern History, Academia Sinica has incorporated many telegraph messages and official documents authored by Zhang. In his negotiation with the Japanese, he often had little regard for his life. He would confront the Japanese and not back down. Many of his effective measures infuriated the Japanese. They tried to probe and find out the location of his residence in Tianjin to carry out an assassination. Thankfully, Zhang was transferred back to Beijing the following year and avoided the sinister scheme.

四、起草末代宣統皇帝退位詔書

張元奇時任學部副大臣（正二品銜，即原本侍郎），起草〈清帝遜位詔書〉。1912年2月12日（清宣統3年12月25日），清朝隆裕皇太后攜溥儀在養心殿，向眾大臣宣讀了〈清帝遜位詔書〉。此詔書結束了中國歷史兩千年的封建制度，並使滿清政權順利的移交給中華民國。該詔書是由南北雙方孫中山、隆裕皇太后、袁世凱等多人反覆協商的結果。執筆起草人是誰，有很多猜測，至今仍有不同說法；惟詔書公布後十日，當時上海大報《申報》報導，指該詔書是「學部次官張元奇擬稿」（承蒙清華大學史研所李卓穎教授惠告：以現代中國文獻資料庫檢索，張元奇在《申報》中共有457條記錄。）張元奇為了正處於水深火熱中的中華民族免受生靈塗炭，將自己的榮辱置之度外，所以一些歷史專家認為〈清帝遜位詔

書〉的起草人是中華民族的千古功臣！

IV. Drafting the Imperial Edict of the Abdication of Emperor Xuantong（清宣統皇帝退位詔書）

  Zhang Yuan-Qi served as the Vice Grand Minister of Education (upper second *pin*, i.e., formerly known as Vice Minister) when he drafted the *Imperial Edict of the Abdication of the Qing Emperor*. On February 12, 1912 (December 25 of the 3rd year of Xuantong's reign), Empress Dowager Longyu, along with Emperor Puyi, read the decree to the court officials in the Hall of Mental Cultivation. The proclamation ended the 2000-year feudal system in Chinese history and transferred the Qing regime to the Republic of China. The decree was a product of numerous rounds of negotiation between Sun Yat-sen, Empress Dowager Longyu, Yuan Shikai, and many more. The identity of the original drafter is still subject to much speculation, and there are different accounts. Nonetheless, ten days after the decree was announced, according to a reporting made by a major newspaper in Shanghai, Shen Pao (申報), the decree "was drafted by the Vice Grand Minister of Education, Zhang Yuan-Qi" (by the gracious insight offered by Professor Li Cho-Ying from Institute of History, National Tsing Hua University, there are 457 records pertaining to Zhang Yuan-Qi in Shen Pao according to a search in Chinese historic record database). To serve his country and fellow citizens in the great ordeal, Zhang was oblivious of his own stature. Therefore, some historians

清宣統皇帝退位詔書。
Imperial Edict of the Abdication of the Qing Emperor

believe that the drafter of the *Imperial Edict of the Abdication of the Qing Emperor* was an eternal hero of the Chinese people!

奉

旨。朕欽奉

隆裕皇太后懿旨：前因民軍起事，各省響應，九夏沸騰，生靈塗炭，特命袁世凱遣員與民軍代表討論大局，議開國會、公決政體。兩月以來，尚無確當辦法。南北暌隔，彼此相持，商輟於途，士露於野，徒以國體一日不決，故民生一日不安。今全國人民心理，多傾向共和，南中各省，既倡議於前，北方諸將，亦主張於後，人心所嚮，天命可知，予亦何忍因一姓之尊榮，拂兆民之好惡。是用外觀大勢，內審輿情，特率皇帝將統治權公諸全國，定為共和立憲國體，近慰海內厭亂

望治之心，遠協古聖天下為公之義。袁世凱前經資政院選舉為總理大臣，當茲新舊代謝之際，宜有南北統一之方。即由袁世凱以全權組織臨時共和政府，與民軍協商統一辦法。總期人民安堵，海宇乂安，仍合滿、漢、蒙、回、藏五族完全領土，為一大中華民國。予與皇帝得以退處寬閑，優游歲月，長受國民之優禮，親見郅治之告成，豈不懿歟！欽此。

宣統三年十二月二十五日

內閣總理大臣　臣袁世凱
署外務大臣　臣胡惟德
民政大臣　臣趙秉鈞
署度支大臣　臣紹英（假）
學務大臣　臣唐景崇（假）
陸軍大臣　臣王士珍（假）
署海軍大臣　臣譚學衡
司法大臣　臣沈家本（假）
署農工商大臣　臣熙彥
署郵傳大臣　臣梁士詒
理藩大臣　臣達壽

五、民國初年的人名巧對被列入

上聯：**湖北兩段，奉天兩張，吉林兩孟，將軍巡按兩相當，文武同城復同姓。**

下聯：湘鄉一曾，合肥一李，中州一袁，
　　　王道聖功一以貫，英雄有守更有為。

　　上述對聯在民間甚為流傳。民國四年（1915），王賡被任命為吉林巡按使，與孟憲彝交接，兩人都是對聯愛好者，酒酣耳熱之際，孟出上聯：「湖北兩段，奉天兩張，吉林兩孟，將軍巡按兩相當，文武同城復同姓。」王思索後，對曰：「湘鄉一曾，合肥一李，中州一袁，王道聖功一以貫，英雄有守更有為。」

　　當時各省以將軍、巡按使分掌軍、民兩政，所謂湖北兩段，指湖北將軍段芝貴，巡按使段書雲；奉天兩張，指奉天將軍張錫鑾，巡按使張元奇；吉林兩孟，指將軍孟恩遠，巡按使孟憲彝，文武首長同在省城，難得又同姓，算是巧聯。王賡下聯也對得工，以地名對省名，一曾，一李，一袁，指曾國藩、李鴻章、袁世凱三位先後知名人物，他們分別創立湘軍、淮軍、北洋新軍，王賡乃是舉此三人抒發英雄氣概，並給予讚美。

V. Antithetical Couplets Containing Names in Early ROC Era

　　The first line of the couplet: Two Tuans of Hupeh, Two Zhangs of Fengtian, and two Mengs of Jilin. Generals and Regional Commissioners who are compatible, sharing the same last name while serving guardian and administrative posts in single cities.

　　The second line of the couplet: One Tseng of *Hsiang*, One

Li of Hofei, and one Yuan of China. The Kingly Way and Saintly Conquest share one purpose, where principled heroes shall achieve more significant accomplishments.

The antithetical couplet was well known at the time. In the 4th year of ROC (1915), Wang Keng (王賡) was appointed the Regional Commissioner of Jilin, succeeding Meng Tsien-I (孟憲彝). Both were enthusiasts of antithetical couplets. At a joyful banquet during the handover period, Meng offered the first line of the couplet, "Two Tuans of Hupeh, Two Zhangs of Fengtian, and two Mengs of Jilin. Generals and Regional Commissioners who are compatible, sharing the same last name while serving guardian and administrative posts in single cities." After rumination, Wang responded, "One Tseng of *Hsiang*, One Li of Hofei, and one Yuan of China. The Kingly Way and Saintly Conquest share one purpose, where principled heroes shall achieve greater accomplishment."

At the time, every province was headed by a general and a regional commissioner who governed the army and civil affairs, respectively. Two Tuans of Hupeh referred to General Tuan Chih Gui (段芝貴) and Regional Commissioner Tuan Shu Yun (段書雲); two Zhangs of Fengtian referred to General Zhang Xiluan (張錫鑾) and Regional Commissioner Zhang Yuan-Qi; two Mengs of Jilin referred to General Meng En Yuan (孟恩遠) and Regional Commissioner Meng Tsien-I. The Meng's couplet pointed out the coincidence that several administrative and defense leaders serving in provincial capitals shared the same last names. The Wang's couplet was a good response, with location names countering provincial names. "One Tseng, One Li, and one Yuan" referred to three prominent characters, namely Zeng Guofan(曾國藩), Li Hongzhang (李鴻章), Yuan Shikai (袁世凱). They each established Hsiang Army (湘軍), Huai Army (淮軍), and Beiyang Army (北洋新軍). Wang Keng pointed out and commended the heroism of these three characters.

六、「同根共源」與「源共根同」匾

厚美村張氏宗祠裡，張學良題的「源共根同」匾，高懸於祠堂正中央。這是由於當年張元奇在東北奉天任巡按使時，曾救過張作霖一命，之後，張作霖、張學良父子親往公署拜謝，張元奇以禮相待。席間，張作霖親切地稱張元奇為本家「家兄」，張元奇則回之以「家弟」。臨別之際，張元奇應張作霖父子之索要墨寶，欣然題以「同根共源」相贈。

當西安事變後，張學良被關押在貴州。一日，國民黨看守軍官張仰曾（福建閩清人）家鄉阪東鎮溪頭埔的張氏宗祠落成，向張學良求贈墨寶，那時張學良因自己的處境，不便答應，直到張學良晚年（1995年5月）在夏威夷時，才題「源共根同」四字，落款：「宗裔漢卿張學良敬題」，回贈給張仰曾的後人，體現了天下張姓一家人的情懷，掐指算來，兩者已逾八十一春秋。

原來這二個匾恰好能前後顛倒著唸，是有這麼一段故事的。

VI. "One Root, One Family," "Family as One, Root as One" Plaque

Inside the Zhang family ancestral temple in Houmei Village (厚美村), the "One Root, One Family" plaque calligraphed by Zhang Xue-Liang hangs high in the middle of the hall. When Zhang Yuan-Qi served as the Fengtian Regional Commissioner, he once saved Zhang Zuo-Lin (張作霖)'s life. Afterward, Zhang Xue-Liang (張學良) and his father, Zhang Zuo-Lin, visited Zhang Yuan-Qi's office to thank him. Zhang Yuan-Qi was very courteous toward them. During the visit, Zhang Zuo-Lin addressed Zhang Yuan-Qi as an "elder brother" of the Zhang extended family. At the same time, Zhang Yuan-Qi reciprocated by addressing Zhang Zuo-Lin as a "younger brother" as well. Before they part, Zhang Yuan-Qi requested calligraphy from them. Zhang Xue-Liang was more than happy to oblige by gifting him the calligraphy of "One Root, One Family."

After the Hsi'an Incident (西安事變), Zhang Xue-Liang was locked up in Kweichow (貴州, re-romanized as Guizhou currently). One day, a Kuomingtang (KMT) guard, Zhang Yang Tseng (張仰曾, from Minqing County), who intended to build an ancestral temple for the Zhang family in his hometown, requested calligraphy from Zhang Xue-Liang. Considering the sensitivity of his circumstances, Zhang Xue-Liang deemed it inconvenient for him to oblige with Zhang Yang Tseng's request. It was not until Zhang Xue-Liang was much older, living in Hawaii, that he calligraphed "Family as One, Root as One." The signatory reads, "By clan member, Han-Ching[1], Zhang Xue-Liang." The calligraphy was gifted to the descendants of Zhang Yang Tseng, portraying the unity of all Zhangs as one family. Since the first interaction between Zhang Yuan-Qi and Zhang Xue-Liang, 81 years have passed.

Juxtaposing both plaques, these stories were genuinely intriguing.

張學良的「源共根同」匾與張元奇的「進士匾」。
"Family as One, Root as One" plaque by Zhang Xue-Liang and the "Metropolitan Graduate" plaque of Zhang Yuan-Qi.

---

[1] "Hang-Ching" (漢卿) was Zhang Xue-Liang's courtesy name (字).

七、萬壽橋遇炸

張元奇民國元年（1912）11月任福建省長（時稱民政長），在過年前（1913年2月4日，農曆12月29日）回拜各國領事後，乘轎返回公署，路經萬壽橋，有人預先在橋頭埋設炸藥，當轎子經過時，提前爆炸，死一人，傷十七人，張元奇幸運逃過一劫，沒有受傷。起初有關謀害者是何方人士，說法紛紜，不知是何黨、何派要加害民政長？脫險之後，張元奇撰寫〈萬壽橋遇險幸免感賦三首〉，收錄在《知稼軒詩・南歸集》，詩中提到爆炸死亡的確切人數是三人，但沒有說明受傷人數的具體情況。

消息後經證實，萬壽橋爆炸案為革命黨人所為。1913年3月23日上海《申報》登載一則報導，說2月4日下午2時半，福建民政長張元奇從倉前山回城，路過萬壽橋，橋上有兩個穿短衣的人，抬了一隻木箱擺在橋欄邊，當張元奇的坐轎離木箱只有一馬之隔時，突然一聲，火光四射，「當場炸斃護衛一名，旗牌一名，馬匹數匹，路上行人死者十三，重傷者二十餘人。」張元奇倖免於難，只得「易輿而船，改由水關回署」。福建同盟會元老劉通1965年寫的回憶錄，也詳盡記述此段往事：「革命黨人恨前清大官僚切齒，張元奇來閩長民政，方聲濤適在家，忿然曰：『吾輩犧牲，彼輩坐享，是可忍孰不可忍』，欲炸之。黃清照承擔其事。」可知主謀是方聲濤，而由黃清照派人「將炸藥裝於鐵桶內，放在大橋頭電信杆旁，偽裝成修理電杆。」（案：劉通1966年寫的〈彈炸福建第一任民政

長張元奇）則是說：「方（聲濤）曉得黃清照周圍有一些敢幹的朋友，要黃找一個可以暗殺張元奇的。黃清照立即答應下來，並去找其密友趙家馨，……趙家馨攜帶炸彈，偽裝為裝修電燈工人，……將炸藥引爆。」）說法略與《申報》不同。革命黨人對革命充滿熱情，但對張元奇的貢獻並不了解。

後來福州閩劇將此故事搬上舞臺，將張元奇作為清官加以歌頌，劇目是《大橋十八命》。劇終臺詞是：「自古清官多磨難，大難不死佑黎民。」真的是清官多磨難，亂世清官更難當！

VII. The Explosion of Wanshou Bridge (萬壽橋)

In November of the 1st year of ROC (1912), Zhang Yuan-Qi served as the governor of Fukien Province (known as Commissioner of Civil Affairs Department at the time). Before the New Year, after visiting embassies of different countries, Zhang took a ride in a sedan chair to return to his office, which passed through Wanshou Bridge en route. Somebody set up a bomb at one end of the bridge. When his sedan chair passed by, a bomb blew up before schedule, killing one and injuring 17 others. Zhang Yuan-Qi was fortunate to escape the attempt on his life.

Subsequently, at Foochow (福州, re-romanized as Fuzhou currently), the incident was adapted by Fukien opera and praised Zhang as an incorruptible official. The opera title was named the *Eighteen lives of the Grand Bridge*. The opera ended with, "Incorruptible officials have always had a long and arduous path.

萬壽橋橫跨閩江,連接兩岸的台江與倉山,這是約1913年左右的照片。
Wanshou Bridge across the Min River, connecting Taijiang and Cangshan. The photo was taken around 1913.

Fate shall have him survived, and the people blessed." Indeed, the path of an incorruptible official is long and arduous. It is even more so for an incorruptible official in the most troubled times!

八、治理閩江水患:情繫故里,修堤栽竹

　　當年福建閩江常有水患,張元奇在民政長任內,親自察看災情、慰問父老,並且立即撥款修堤、疏濬閩江河道、加固堤防,並修建閩江西岸部分新堤,使堤內面積擴大,堤外栽種竹子數排,以減輕洪水對堤的衝擊力。元奇公並捐出自家園地充作修建新堤之用。此項工程由水利局局長林炳章(林則徐曾孫、陳寶琛女婿)負責,該段防洪工程修復至今,百餘年來,堤防再也沒有決堤過。

民國四年（1915）堤防竣工後，福建省水利局將治水修堤經過立碑於堰堤前以為紀念。碑長190公分，寬48公分，厚14公分，碑身陰刻楷書200多字，落款：中華民國四年五月，福建水利局局長林炳章。內容即詳述張元奇任中華民國第一任福建省長（時稱民政長），林炳章任水利局局長疏浚閩江河道、修築閩江西岸防洪堤壩的情況。到了上世紀五、六十年代，石碑被移作他用後又被埋在泥土中，直至2013年被村民發現。經博物館館長等進行拓片研究，認為有極高的文物價值，需切實加以保護。該碑現立於厚美村張氏宗祠前，代表張元奇與林炳章「為官一任，造福一方」的精神。

VIII. Managing Floods of the Min River: Devotion to Hometown, Embankment Building, and Bamboo Planting

Back in the day, the Min River area in Fukien Province would often suffer floods. When Zhang Yuan-Qi served as the Commissioner of the Civil Affairs Department, he would inspect the disaster areas in person and comfort the villagers. Furthermore, he would immediately set aside a budget to build a river embankment, dredge the Min River, and strengthen flood prevention measures. He had part of the embankment at the west coast of Min River constructed to increase the internal surface area protected by the river embankment. At the external site of the river embankment, rows of bamboo were planted to reduce the impact

張元奇──晚清民初詩人・政治家

of floods washing the barrier. Zhang donated the consideration of the sale of his own land to cover the construction cost of the river embankment. The project was overseen by the Director-General of the Water Resource Bureau, Lin Bing-Zhang(林炳章) (great-

張元奇治理閩江水患修堤碑（功德碑）及嵌字聯。
Monument documenting Zhang Yuan-Qi's achievement in the flood prevention of Min River.

張元奇曾孫張德先及曾孫女張慶先、張兆先、張勝先等人於2017年10月由美返回福建故里厚美村所立「張元奇紀念碑」。碑上刻著元奇公一生重要事蹟，現立於厚美村張氏祠堂前。
In October 2017, my brother, Zhang De-Xian (張德先), my sisters, Zhang Zhao-Xian (張兆先) and Zhang Sheng-Xian (張勝先), and I returned to our homeland. Before leaving, we had our great-grandfather, Zhang Yuan-Qi's achievements engraved to commemorate him.

grandson of Lin Ze-Xu and son-in-law of Chen Bao-Chen). To this day, the river embankment built over a century ago has not burst once.

In the 4th year of ROC (1915), after the construction of the embankment, the Water Resource Bureau of Fukien Province erected a monument nearby that documented and commemorated the flood prevention and river embankment construction process. In the 1950s or 60s, the monument was moved and used for other purposes before it was buried in mud. It was not until 2013 before it was re-discovered by villagers. After museum curators verified the rubbing on the monument, it was determined that it is a significant artifact and warrants conservation. The monument now stands tall in front of the Zhang family's ancestral temple in Houmei Village, commemorating the devotion of Zhang Yuan-Qi and Lin Bing-Zhang to promoting the well-being of the place when serving as local officials.

九、能文能商，卓爾不凡

王賡《今傳是樓詩話》說：「閩中詩人，甲于全國。余夙識者，尚有張薑齋民政。君名元奇，別字君常，所著有《知稼軒集》。石遺序之，謂其才筆馳騖自喜，中年以後，時斂就幽夐，然終與坡公為近。蓋其取徑固與其鄉並時諸賢略殊也。」王賡舊名王志洋，號揖唐，是光緒末科進士，張元奇曾有詩相贈，見《知稼軒詩・遼東續集・揖唐自歐美遊歷歸，縱

談時事,慨然成詠,即送其之吉林》,盛讚王賡以奕棋理論分析關東時局,皆成至言,兩人是舊識,王賡因而在著作中,不僅稱讚張元奇詩歌成就,並評鑑當時福建詩人為詩壇翹楚。

　　進士能文並不稀罕,張元奇還能商。光緒二十九年(1903)張元奇與劉鴻壽〔林則徐外曾孫,字步溪(1861-1916),為溥儀帝師陳寶琛妹夫,光緒辛卯科(十七年,1891)舉人,是福州善於理財的富豪。民初曾任福建鹽運使,同時任國稅廳籌備處長。〕合資買下輪船,取名「江甲」,成立福州小輪舟公司,在閩江下游營業。後又添加了「江乙」、「江丙」、「江丁」、「江己」等四艘輪船,分別在福州至馬尾、長樂、潭頭、閩安、福清等地航線營運,成為閩江內河頗具規模的一家航運企業公司,開近代內江航運以煤炭為燃料的蒸汽機輪船客運之始。

IX. More than a Metropolitan Graduate Who Could Write Well; Zhang Yuan-Qi Was also a Merchant

　　In the *Collections of Authors in Late Qing and Early Republic of China* (《今傳是樓詩話》), the author Wang Keng noted that "Poets from Fukien Province are some of the best in the country. Among my acquaintances is Zhang Jiang Zhai,[2] the Commissioner of the Civil Affairs Department. The Commissioner's name is Zhang Yuan-Qi, and his courtesy name is Chun Chang (君常). He has

---

[2]　Zhang Jiang Zhai (張薑齋) was the art name (號) of Zhang Yuan-Qi.

authored *Knowing Jiaxuan* (《知稼軒集》). Shi Yi (Chen Yen, 陳衍) wrote the preface, where he penned his awe of Zhang's literary talent, which brought him much joy. After Zhang reaches middle age, although his style, at times, turns esoteric and profound, it is much more similar to Su Dongpo (蘇東坡). After all, his chosen path is quite different from his peers." Wang Keng praised Zhang's literary achievements and ranked him the best Fukien poet of the time.

Zhang Yuan-Qi not only had outstanding literary performances but was also a prominent merchant. In the 29th year of Guangxu's reign (1903), Zhang Yuan-Qi and Liu Hong Shou[3] (劉鴻壽) jointly purchased a steamer, which was named "Chiang Chia." They founded Foochow Steamer Company (福州小輪舟公司), which operated downstream of the Min River. Subsequently, they added four more steamers, namely "Chiang Yi," "Chiang Ping," "Chiang Ting," and "Chiang Chi," which covered the routes between Foochow, and Mawei, Changle, Tantou, Min'an, and Fuching. It became a shipping line of significant scale on the inland water of Min River, a pioneering operator of cargo and passenger steamers fueled by coal on inland water routes.

---

[3] Liu (1861-1916) whose courtesy name was Pu Hsi (步溪), was the great grandson of Lin Tse-Hsu (林則徐), the brother in-law of Chen Bao Chen (Emperor Puyi's teacher), and a Provincial Graduate. Liu was a wealthy man in Foochow. In early ROC era, Liu was once appointed Salt Controller of Fujian Province, who also held concurrent position as Director of Provisional Office, National Tax Agency.

十、書法與著作極有價值

張元奇在《清外史‧書高士奇、勵杜訥事》曾批評說：「清廷取士之偏，至以字為衡，高頭紅格之殿試朝考，其流弊視八股加厲矣。」清代科舉，試卷格式與寫法繁文縟節。科場試卷是以連史紙印就扁長方紅格，紙澀而墨易滲，格扁而字須正，故必精其墨瀋，善其楷書，注意譌字、俗筆、避諱、抬頭等規矩，絲毫馬虎不得，張元奇與當時士子必然少不了這番磨練。他的書風非屬秀麗俊美，但厚實飽滿，頗具韻味，《知稼軒詩‧遼東續集》即有〈連日為人作書盡數十紙〉，可見受人喜愛。

光緒十二年丙戌科探花馮煦《蒿盦類稿》卷15〈寫本爾雅序〉有云：「庚寅冬十月，壽陽師勾丙戌門下士為寫經之約，而肇祖於《爾雅》。誠以致用莫先通經，通經莫先識字，《爾雅》者，識經之字者也。」「壽陽師」指的是馮煦於丙戌科座主祁世長。祁世長字子和，山西壽陽人，為本科會試大總裁、閱卷大臣，故尊稱其「壽陽師」。文中談到光緒十六年（1890，庚寅年），祁世長約集該年同榜登科的門生合寫《爾雅》，為經學盡一份心，當時張元奇所負責的是《爾雅‧釋木》，可惜今已不傳。張元奇曾與座主比鄰而居，在他死後還寫詩追念。祁世長乃是道光、咸豐、同治「三代帝師」祁寯藻之子，儒學淵博，重視書法，著有《思復堂集》、《翰林書法要決》等書，張元奇自應多受薰陶。

張元奇也題寫《盛京時報》刊名。《盛京時報》是1906年

張元奇──晚清民初詩人・政治家

以上為張元奇抄錄蘇軾詩文。他的書法肥胖圓潤像劉墉（字崇如，號石庵，山東諸城人，乾隆十六年進士），兩人皆可溯源於東坡；他的詩也很有名氣，由於時代的背景，充滿愛國憂民情懷。

The above is Zhang Yuan-Qi's transcription of Su Shi's poetry. Zhang Yuan-Qi's calligraphy is plump and rounded, resembling that of Liu Yong (styled Chong-Ru, also known as Shi'an, from Zhucheng, Shandong, and a successful candidate in the imperial examination of the sixteenth year of Qian-Long's reign). Both trace their influences back to Dong-Po (Su Shi). Dong-Po's poetry was renowned due to the historical context and was filled with a sense of patriotism and concern for the people.

10月18日在瀋陽大西門外創辦發行，至1944年9月14日終刊，歷時三十八年。1905年，日本因日俄戰爭勝利而攫取沙俄在中

國東北的侵略權益，《盛京時報》報名即是創始人中島真雄襲用其在奉天發行的俄文《盛京報》，而報頭四個大字便是邀請張元奇題寫。

另張元奇著述有：

1.《知稼軒詩稿・蘭臺集》（作於1903-1905，任監察御史時）；《知稼軒詩稿・洞庭集》（作於1906-1907，任岳州知府時，因洞庭湖在該地）；《知稼軒詩稿・遼東集》（作於1907-1908，任奉天民政使時，因奉天省會奉天府位於遼河、遼西走廊之東）。以上是張元奇調任至奉天時出版，詩稿先後順序是：遼東、洞庭、蘭臺。後又集結為《知稼軒詩》六卷、《知稼軒詩》十一卷兩版本。

《知稼軒詩》六卷本，於民國二（1913）年三月，任福建省民政長（省長）時，由福州印刷局印行，陳衍作序，除前述三集三卷，還補入《翰林集》、《遼東續集》、《津門集》各一卷。至民國七年（1918）續出新刻本，又新增《南歸

張元奇題寫《盛京時報》刊頭。
Zhang Yuan-Qi calligraphed the masthead of Sheng-ching Shih-paos.

集》、《孟莊集》、《試院唱酬集》、《遼東後集》、《榆園集》各一卷,共計十一卷,由京華印書局印行。

張元奇親自按時間順序編排詩集:卷一《翰林集》,為中進士,入翰林院此段時期所作,因此取名;卷二至卷四即《蘭臺》、《洞庭》、《遼東》三集;卷五《遼東續集》,因當時仍在奉天任民政使;卷六《津門集》,這時主要活動地點在天津。卷七《南歸集》,任福建省民政長期間所作;卷八《孟莊集》居天津時期作;卷九《試院唱酬集》,任政事堂銓敘局局長時作;卷十《遼東後集》,任奉天巡按使(省長)時作;卷十一《榆園集》,晚年居北京西斜街時作。

2.與王琛、徐兆豐、張景祁等合編《(光緒)重纂邵武府志》三十卷(及首卷之目錄、輿圖),為光緒二十六年刊本。由於明世宗嘉靖二十二年(1543)陳讓已經編成十五卷《(嘉靖)邵武府志》,因此本書稱「重纂」。本書刊列張元奇官銜為「翰林院編修記名御史」,張元奇於光緒十五年四月(1889)授為翰林院編修;光緒二十一年(1895),考取御史資格,擢至翰林記名御史;二十五年四月(1899),已任江南道監察御史,同年十月丁父憂回籍守制。故可知是在二十一至二十五年間擔任「總纂」一職,協助福建邵武府重修府志。

3.《鰲峰書院課藝》,不分卷,光緒二十八年(1902)刻本,任鰲峰書院山長時,為科舉所編,當時各地書院都有此種課藝教科書的編撰,鰲峰書院是福建省城四大書院之首,自不

例外。根據張根華〈致用書院研究〉，鼇峰書院除了張元奇所編這本，尚有以下課藝文獻：

《新刻鼇峰課藝續集》，道光元年（1821）刻本。
《鼇峰課藝初編》，咸豐五年（1855）刻本。
《鼇峰書院課選》，同治十二年（1873）刻本。
《鼇峰課選四刻》（不分卷），光緒五年（1879）刻本。
《己亥年鼇峰師課選》一卷，光緒二十五年（1899）抄本。

所以張元奇此書屬於增編本。

4.主編《東三省疫事報告書》，於奉天民政使任上，東北鼠疫撲滅後作，修成於宣統三年（1911）五月，1912年由奉天防疫總局印發。本書纂修題名記載張元奇、韓國鈞、鄧邦述、郭宗熙、徐鼎康、管鳳和等人為「總纂」。

5.《清外史》，一本不直寫姓名，別署「侯官古霝后人薑齋」的著作，相當特別。張元奇於1912年5月13日，離京遷滬，蝸居上海租界，即著手《清外史》寫作，並於1913年11月30日撰序出版。此書不以本名，僅用別號，正如他於〈例言〉引南宋衛正叔的話：「他人作書，惟恐不出諸己；某作書，惟恐不出諸人。」因為他曾是滿清官員，書中對於歷朝官場貪穢昭著，阿附權門多所批評，甚至還涉及他所熟識的好友，因此不便以本名行世。

本書依序歷數滿清十世，共條列242則，每則各立標題，十世皆以總評開端，如：〈論順治一世〉、〈論康熙二世〉、

〈論雍正三世〉、〈論乾隆四世〉、〈論嘉慶五世〉、〈論道光六世〉、〈論咸豐七世〉、〈論同治八世〉、〈論光緒九世〉、〈論宣統十世〉。各則之後常加按語褒貶，有如《左傳》「君子曰」、《史記》「太史公曰」，或史書「史臣曰」。書名曰「外史」，故多記細事，對於邪官失德，記載尤詳，可補正史不足。各條據實援引，均非杜撰妄臆，部分條目尚有說明出處，並甄辨去取。如〈書泰安徐文誥疑獄〉云：「包世臣所著《安吳四種》記此事名字顛倒錯誤，且於大小承審司官，隱匿其名。茲從靜海張君《宦海聞見錄》本，視包較詳。」

此書體例可見於書前「例言」；其勇銳批判，直書褒貶，則「序言」可見全書旨意。

X. Invaluable Calligraphy and Literary Works

His style of calligraphy is full and rich, like Liu Shi An (Liu Yong (劉墉), "Shi An" (石庵) was his pen name). His poems were well known too. Due to the troubled times, his lyrics were filled with patriotism and concern for the well-being of the people.

Zhang Yuan-Qi also calligraphed the masthead of *Sheng-ching Shih-Pao* (《盛京時報》, Shengching Times). *Sheng-ching Shih-pao* was established outside the West Gate of Shenyang (瀋陽). Its circulation ended on September 14, 1944, after 38 years. In 1905, the Japanese, who won the Russo-Japanese War, seized the unlawful prerogative of territorial invasion of China from Russia.

The founder of *Sheng-ching Shih-pao*, Nakajima Masao (中島真雄), adopted the name for *Sheng-ching Journal* (《盛京報》), issued in Russian Language and circulated in Fengtian at the time. He requested Zhang Yuan-Qi to calligraph the masthead.

Zhang Yuan-Qi's work:

1. *Knowing Jiaxuan* (《知稼軒詩》): There are three versions. The six-volume version was published in 1913 (the 2nd year of ROC), the eleven-volume version was published in 1918 (the 7th year of ROC), and the eleven-volume proofread and punctuated version was published in 2022.
2. *An Unofficial History of Qing Dynasty* (《清外史》): The publication contains many truths about the Qing Dynasty since its formation.
3. *Re-compilation of Local History of Shaowu Fu (Guangxu Era)* (《（光緒）重纂邵武府志》): Co-edited with Wang Chen (王琛), Hsu Chao Fung (徐兆豐), Zhang Ching Chi (張景祁), etc.
4. *Textbook for Ao Feng Academy* (《鰲峰書院課藝》): The publication was compiled when Zhang served as the Director of the Ao Feng Academy.
5. *Endemic Prevention of the Three Northeastern Provinces Report* (《東三省疫事報告書》): The report was published by the Fengtian Endemic Prevention Bureau.

十一、從事教育並成立耆年會等藝文團體

根據〈原任奉天巡案使張君墓誌銘〉記載:「宅憂家居,歷主鳳池、鼇峰兩書院,埏埴英髦,所居成市。」這是指光緒二十五年(1899)十月,張元奇丁父憂,回籍守制三年,受聘任福州鳳池、鼇峰書院山長,卓育菁莪,功在鄉國。鼇峰書院是清康熙四十六年(1707)由福建巡撫張伯行創建,為當時福建最高學府。書院招考優秀學生入學,聘請著名學者主持教學。林則徐、梁章鉅、楊慶琛、廖鴻荃等人都曾在書院求學。至光緒三十一年(1905)廢除科舉為止,書院共考取進士163人,舉人700多人。

鳳池書院是嘉慶二十二年(1817)為了廣育人才,總督汪志伊等人所建,初名「聖功書院」,旋因經費無著,幾近荒廢。道光年間(1821-1823),賴有督憲、巡撫、地方鄉紳積極籌措,捐俸倡率,於是將「聖功書院」改名,自此書院規模大備,人文蔚起,多士觀摩,鼎盛一時,與鼇峰書院並駕齊驅。科舉廢止後,鳳池書院與正誼書院合併,改為全閩大學堂,現為福州第一中學。

張元奇是否擔任鳳池書院山長,歷來存在爭議,今除有墓誌銘可以佐證,另《知稼軒詩·翰林集》有〈鳳池書院攬輝樓相傳有怪異,今歲主講,移居院中,令鹿、鴻二兒讀書樓下,久亦寂然〉可以參見,知與鳳池書院確實有淵源。

此外,張元奇重視京師大學堂及地方各級學堂的教育事務,《清實錄光緒朝實錄》卷五百十八、五百三十二記載他擔

任御史時的奏摺,也可見一斑:

「(光緒二十九年六月八日)庚申,御史張元奇奏:『各省學堂,宜嚴選師範,振興實業。』又奏:『本科進士入大學堂肄業,請分別年歲,願否酌為變通。』得旨,著張之洞會同管學大臣妥議具奏。尋奏:『該御史(指張元奇,下同)請嚴選師範,振興實業,洵為知本之論。現已擬定各級師範學堂章程,各省不難照辦,至蒙學暫不課西文,現在所擬小學章程,即嚴申此禁,與該御史所見正同。本科進士入大學堂肄業,業經酌定年歲,量為變通,自可免遷就入學,有名無實之弊。』」

「(光緒三十年六月十三日)庚申,御史張元奇奏:『進士館聘用各教員,年輕望淺,所編講義,東塗西抹,粗淺陋略,學員皆有鄙夷不屑之意,擇師不精,糜費無益,請飭將進士館章程重為訂定,俾收實效。』下學務大臣知之。」

晉安耆年會:1914年張元奇在京參與成立晉安耆年會,成員皆福州府(福州古稱晉安郡)在京名宦,先後參加的有陳寶琛、嚴復、林紓、薩鎮冰、傅嘉年、葉荋棠、曾福謙、林孝恂、李壽田、卓孝復、郭曾炘、陳衍、力鈞、李宗言、孫葆瑨、鄭孝檉等三十多人。

耆年會沿襲唐代知名詩社的傳統,屬於志趣相投而組成的同鄉聯誼社群。自唐代白居易「香山九老會」開始,宋、明、清代官員仕紳,相繼有此種文化生活雅聚群體。白居易晚年與九位耆老志趣相投,退身隱居,遠離世俗,忘情山水,在洛陽香山(地點與聞名遐邇的龍門石窟伊水相望)集結九老

會，白居易為此雅集，還請畫師將九老集會活動繪下，並題寫〈九老圖詩〉；而張元奇在《遼東後集》亦有題畫詩〈晉安耆年會圖，為畏廬題〉。林紓字琴南，號畏廬，集寫作、翻譯、繪畫諸藝於一身。當時林紓畫了耆年會圖，並撰〈晉安耆年會序〉，所以張元奇題詩記此盛事；而成員之一的嚴復也寫了〈題林畏廬晉安耆年會圖〉。另外，以陳寶琛為核心的閩派詩人在京成立蘭吟社、燈社詩鐘團體，張元奇也列名其中，顯見他對藝文的愛好及在詩壇的活躍。

XI. Chin'an Senior Intellect Society and Other Cultural Groups

In October of the 25th year of Guangxu's reign (1899), Zhang Yuan-Qi's father passed away, and he returned to his hometown on record for filial mourning. At the time, he was engaged as the Director of Feng Chi Academy (鳳池書院) and Ao Feng Academy (鼇峰書院) in Foochow. Ao Feng Academy was established in 1707, the highest educational institution in Foochow at the time. Until the 31st year of Guangxu's reign (1905), in which the imperial examination was abolished, the academy had cultivated 163 Metropolitan Graduates and over 700 Provincial Graduates.

Feng Chi Academy was established in 1817. It shared its reputation as the top education institution with Ao Feng Academy. After the imperial examination was abolished, Feng Chi Academy and Cheng Yi Academy merged and were renamed Min Provincial College (全閩大學

堂), which is the number one secondary school in Foochow nowadays.

In 1914, Zhang Yuan-Qi co-founded the Chin'an Senior Intellect Society (晉安耆年會) in Bejing, where its members were all officials from Foochow (Foochow was known as Chin'an County in ancient times) working in the capital. There were over 30 participants, including Chen Bao-Chen (陳寶琛), Yan Fu (嚴復), Lin Shu (林紓), Sah Chen-Ping (薩鎮冰), Fu Chia-Nien (傅嘉年), Yeh Fu-Tang (葉苘棠), Tseng Fu-Chien (曾福謙), Lin Hsiao-Hsun (林孝恂), Li Shou Tien (李壽田), Cho Hsiao Fu (卓孝復), Kuo Tseng Hsin (郭曾炘), Chen Yen, Li Chun (力鈞), Li Tsung Yen (李宗言), Sun Pao Chin (孫葆瑨), Cheng Hsiao Cheng (鄭孝檉) and et cetera.

Additionally, a group of poets from Fujian, led by Chen Bao-Zhen, founded the "Lan-Yin Poetry Society" and the "Deng Poetry Society", both devoted to Shi-Zhong poetic competition in Beijing. Zhang Yuan-Qi was also listed as member, showcasing his passion for the arts and his active engagement in the poetry community.

後記

2017年10月回鄉，感觸良深！我們離鄉太久，幸有家鄉長輩對老家歷史文物的守護和保存。如今，曾祖父元奇公的後人分居各地，我盡可能將前代的故事記錄下來，這樣可以讓大家翻譯成其他語文，讓下一代更容易了解。

Thank goodness we could make a century-old wish of the Zhang family come true. Nowadays, the Zhang Yuan-Qi Monument and monument documenting his achievement in the flood prevention of Min River stand in front of the Zhang family ancestral temple in Houmei Village, telling generations to come of his bravery and contribution, as well as his exemplary morality.

2017年10月6日，第一次到訪厚美村張氏宗祠，與族人合影。前排從左至右：張慶先、張君耀、張琳、張勝先；後排張德先、沈青（沈葆楨後人）、林賢光（清華大學退休教授）、張君灼、張君杰、張仁春、翁進。
On October 6, 2017, Zhang Qing-Xian visited the Zhang family ancestral temple (張氏宗祠) in Houmei Village for the first time. The photo above was taken with distant family members. Front row from left: Zhang Qing-Xian, Zhang Chun-Yao (張君耀), Zhang Lin (張琳), Zhang Sheng-Xian; back row: Zhang De-Xian, Shen Ching (沈青) (descendant of Shen Pao-Chen (沈葆楨)), Lin Hsien-Kuang (林賢光) (retired professor of Tsinghua University), Zhang Chun-Cho (張君灼), Zhang Chun-Chieh (張君杰), Zhang Jen-Chun (張仁春), Weng Chin (翁進).

| 張元奇──晚清民初詩人・政治家

2017年10月6日,作者張慶先、妹妹張勝先、弟弟張德先進入宗祠,在曾祖父遺像前合照。
The author, Zhang Qing-Xian (middle), younger sister, Zhang Sheng-Xian (right), and younger brother, Zhang De-Xian (left). The photo was taken in front of our great-grandfather's portrait (top) in 2017.

附錄：張元奇生平簡表

西曆	年號	年齡	事蹟	晚清民初大事
1860	清文宗咸豐10年		農曆3月初3日生，生肖屬猴。福建侯官縣厚美堰（今閩侯縣上街鎮厚美村）人。居於洪塘江西。高祖父諱淑奎，曾祖父諱世東，本生祖諱朝輔，父諱國振。世代務農，父業裁縫，封贈文林郎；母陳氏。胞弟元圖、元霖、元訓、元超。	3月，太平軍再破江南大營，並東占蘇州、常州，建蘇福省。6月，英法聯軍在北塘登陸，占領天津；八月進攻通州城西八里橋，皇帝逃往熱河；英法聯軍攻陷北京，搶掠、焚毀圓明園。9月，恭親王奕訢與英、法、俄分別簽訂〈北京條約〉。12月，設立總理各國事務衙門。
1861	咸豐11年	1歲		7月，帝崩。9月，慈禧發動政變，逮捕載垣、端華、肅順等贊襄政務王大臣。載淳即皇帝位，改元同治。慈禧、慈安兩太后垂簾聽政。曾國藩創辦安慶內軍械所，後李鴻章在上海設立江南製造總局，清代洋務運動自此始。
1862	清穆宗同治元年	2歲		設同文館。曾國荃督湘軍進逼天京（今南京市），紮營雨花臺；左宗棠部湘軍援浙江，李鴻章部淮軍援上海，圖蘇、常，天京腹背受敵。
1863	同治2年	3歲		4月，翼王石達開在四川大渡河紫打地兵敗，自投清營，被殺。

西曆	年號	年齡	事蹟	晚清民初大事
1864	同治3年	4歲		4月，洪秀全病逝，幼主洪天貴福即位。6月，天京為清軍攻陷，洪天貴福突圍後在江西南昌遇害。捻軍和太平軍遵王賴文光聯合，舉賴文光為領袖。 陸續對英開放臺灣淡水（1862）、基隆（1863）；安平、打狗（高雄）於本年開放，並且允許宣教士來臺傳播基督教。
1865	同治4年	5歲		捻軍在山東菏澤高樓寨擊僧格林沁，殲全軍七千餘人。清廷急調曾國藩為欽差大臣，督湘淮軍攻捻。中亞浩罕汗國軍事頭目阿古柏侵入新疆。
1866	同治5年	6歲		李鴻章接曾國藩任欽差大臣,督師「剿捻」。捻軍遵王賴文光、魯王任化邦等率部留在中原地區活動，稱東捻軍。梁王張宗禹、幼沃王張禹爵等率部進軍西北，往聯回眾，稱西捻軍。左宗棠在福建馬尾設立福州船政局；後調任陝甘總督。
1867	同治6年	7歲		阿古柏在新疆建立「哲德沙爾汗國」政權，自立為汗。
1868	同治7年	8歲		6月，首任使節蒲安臣在華盛頓代表清政府與美國訂立〈蒲安臣條約〉。東西捻軍相繼覆沒。
1869	同治8年	9歲		3月，中俄簽訂改訂俄人陸路通商章程，共22條；9月，中英簽訂〈中英新定條約十六款〉、〈新修條約善後章程十款〉及稅則十條。
1870	同治9年	10歲		5月，天津教案發生。直隸、江西、福建、廣東、四川等省相繼爆發反洋教衝突。阿古柏攻占烏魯木齊，擴及天山南北路部分地區。
1871	同治10年	11歲		沙俄出兵強占新疆伊犁。

附錄：張元奇生平簡表

西曆	年號	年齡	事蹟	晚清民初大事
1872	同治11年	12歲		李鴻章在上海創辦輪船招商局，僑商陳啟源在廣東南海縣創辦繼昌隆繅絲局，資本主義近代工業開始出現。容閎等奉命率一批幼童到美國留學，為近代第一批留學生。
1873	同治12年	13歲		左宗棠出兵河西走廊，占領肅州，陝甘回民之役失敗。
1874	同治13年	14歲		12月帝崩，載湉繼位，是為清德宗，改元光緒。慈禧太后再度垂簾聽政。
1875	清德宗光緒元年	15歲		清廷任命左宗棠為欽差大臣，督辦新疆軍務。英國入侵雲南，發生「馬嘉里事件」。7月，清廷以兵部侍郎郭嵩燾任出使英國欽差大臣，為正式派遣駐外使節之始。
1876	光緒2年	16歲		左宗棠出師討伐阿古柏，收復烏魯木齊，天山北部平定。英國以「馬嘉里事件」為藉口，迫使清政府與之訂立〈煙臺條約〉。
1877	光緒3年	17歲		春，清軍進入南疆，阿古柏在庫爾勒服毒死，清軍收復新疆（沙俄侵占伊犁除外）。李鴻章、唐廷樞籌建開平礦務局。
1878	光緒4年	18歲		3月，在天津、上海、北京、煙台和營口開始試辦郵政；6月，在直隸（今河北）唐山開平鎮正式成立開平礦務局；7月，第一套大龍郵票發行。蘭州機器織呢局由陝甘總督左宗棠籌設。

109

西曆	年號	年齡	事蹟	晚清民初大事
1879	光緒5年	19歲		日本侵占琉球；出使俄國欽差大臣崇厚於光緒4年12月初8日抵達彼得堡。三日後開始與俄談判。俄國內部對是否交還伊犁，意見不一，直到光緒5年5月，才統一意見，逐步向崇厚提出條件。8月17日，崇厚在沙俄脅迫下，簽訂了〈里瓦幾亞條約〉十八條（即〈交收伊犁條件〉），另有〈瓊琿專條〉、〈兵費及恤款專條〉、〈陸路通商章程〉十七條。清廷拒絕批准。
1880	光緒6年	20歲		蘭州機器織呢局開工投產；李鴻章奏辦天津北洋水師學堂、南北洋電報。
1881	光緒7年	21歲		正月，曾紀澤與沙俄簽訂〈中俄改訂條約〉。
1882	光緒8年	22歲		開始有電報。8月，劉錦棠上奏新疆建省案。
1883	光緒9年	23歲		中法戰爭爆發。法軍占領河內、南定，越南國王請劉永福所部黑旗軍助越抗法。4月，兩軍在河內城西的紙橋激戰，大敗法軍，擊斃法軍司令李維業中校。
1884	光緒10年	24歲		法國派遣遠東艦隊司令孤拔率艦隊侵入福建馬尾，福州水師覆沒。7月，對法宣戰。法國艦隊占領臺灣基隆炮臺，封鎖臺灣海峽。9月，新疆改建行省。
1885	光緒11年	25歲	鄉試秋闈中舉，列第76名。	鎮南關大捷。4月，李鴻章與法國公使巴德諾在天津簽訂〈中法會訂越南條約〉（即〈中法新約〉）。中法戰爭結束。同月，中日簽訂〈天津條約〉，朝鮮成為中日公共保護國。9月，臺灣改建行省。

附錄：張元奇生平簡表

西曆	年號	年齡	事蹟	晚清民初大事
1886	光緒12年	26歲	春闈會試貢士，列第105名；複試一等第1名。殿試登丙戌科進士，列二甲第122名；三日後朝考，列一等第25名，賜進士出身，入「館選」，為翰林院庶吉士，學習三年。	英軍由錫金侵入西藏。與英訂〈緬甸條約〉。
1888	光緒14年	28歲	在庶常館學習，待「散館」甄別考試，分發任用。	10月，康有為第一次上書請求變法，未達。北洋海軍建成，以丁汝昌為提督，林泰曾、劉步蟾為左右翼總兵，擁有艦船二十五艘，四萬餘噸。
1889	光緒15年	29歲	4月癸卯「散館」，列二等第13名，授為翰林院編修。	2月，光緒親政。3月，張之洞奏辦蘆漢鐵路。11月，李鴻章創辦上海機器織布局投產。
1891	光緒17年	31歲	充國史館協修。4月渡海來臺，由臺南一路北上臺北，至歲暮抵家。	哥老會焚毀蘇皖各處教堂。
1894	光緒20年	34歲	翰詹大考二等。	中日甲午戰爭爆發。6月，日本海軍在朝鮮牙山口外豐島海面襲擊中國運兵船，同時出動陸軍進攻駐牙山附近成歡驛清軍。7月初一，中日兩國同時宣戰。8月16，日軍進攻朝鮮平壤，清軍敗績，總兵左寶貴壯烈犧牲。兩日後，北洋海軍與日艦隊在黃海激戰，致遠艦管帶（即艦長）鄧世昌殉國。9月，日軍渡鴨綠江攻入中國境內。10月，占大連、旅順。12月，日軍在山東半島榮成灣龍鬚島登陸。孫中山在檀香山創立興中會，提出「驅逐韃虜，恢復中華，創立合眾政府」。

111

西曆	年號	年齡	事蹟	晚清民初大事
1895	光緒21年	35歲	連署反對割讓臺灣。考取御史資格,擢至翰林記名御史。	1月,日軍攻占威海衛,北洋海軍覆沒,丁汝昌、劉步蟾自殺殉國。3月23日,李鴻章與日本政府簽訂〈馬關條約〉,割讓遼東半島、臺灣及所有附屬島嶼(包括澎湖列島)。俄、德、法三國照會日本,勸告放棄遼東半島,日本被迫接受,清廷以銀三千萬兩贖回,史稱三國干涉還遼。康有為聯合18省會試舉人1300餘人「公車上書」。是年起,至光緒24年,直隸、山東、河南、江蘇、安徽、浙江、福建、湖南、湖北、廣東、廣西、四川等十餘省先後發生群眾抗租、抗稅、搶米風潮。
1896	光緒22年	36歲		4月,李鴻章與沙俄簽訂〈中俄密約〉。
1897	光緒23年	37歲		11月,德國武裝占領膠州灣;12月,沙俄出兵強占旅、大。
1898	光緒24年	38歲	擔任《邵武府志》總纂。	4月,與英國簽訂九龍半島以99年為期的租借條約。4月23日,光緒帝下「明定國是」詔,戊戌變法開始。8月初6日,慈禧幽禁光緒帝於瀛臺,重新「臨朝訓政」;康有為、梁啟超逃亡日本,譚嗣同、林旭、劉光第等六人遇害。百日維新失敗。山東冠縣義和拳首舉義旗。
1899	光緒25年	39歲	4月,任江南道監察御史。10月,丁父憂回籍服喪。	山東義和團朱紅燈部在平原縣起義。8月,美國國務卿海約翰先後照會英、俄、日、意、法、德諸國,提出在中國實行「門戶開放」政策。張謇籌辦的南通大生紗廠建成投產。

附錄:張元奇生平簡表

西曆	年號	年齡	事蹟	晚清民初大事
1900	光緒26年	40歲	刊行與王琛、徐兆豐、張景祁等合編《(光緒)重纂邵武府志》三十卷(及首卷之目錄、輿圖)。擔任鳳池、鼇峰書院山長。	義和團進入京津地區。駐京各國公使以「保護使館」為名調集軍隊四百餘人到達北京。各國海軍艦艇開到大沽口。由英國海軍上將西摩爾統率八國聯軍進犯北京,遭義和團與清軍阻擊敗回天津。義和團猛攻北京東交民巷使館區和西什庫教堂。5月25日,清廷發出宣戰詔書。八國聯軍占領大沽炮臺後攻陷天津,7月20,北京陷落。慈禧、光緒倉惶西逃。東南互保,劉坤一、張之洞等與駐滬各國領事商定〈東南互保約款〉。唐才常組織自立軍起兵「勤王」,事敗被殺。沙俄製造海蘭泡與江東六十四屯慘案,並派侵略軍十餘萬人大舉入侵東北。12月,慈禧在西安下詔宣布「變法」。
1901	光緒27年	41歲		7月,以慶親王奕劻、李鴻章為全權大臣與俄、英、美、日、德、法、意、奧、比、西、荷十一國公使簽訂〈辛丑條約〉。
1902	光緒28年	42歲	印行《鼇峰書院課藝》。	1月,梁啟超在日本橫濱創辦《新民叢報》,鼓吹保皇。3月,中俄簽訂〈交收東三省條約〉。
1903	光緒29年	43歲	與劉鴻壽合資購船,成立福州小輪舟公司。2月,離閩返京復職,5月重新擔任江南道監察御史;7月,任巡視南城事務一職;10月,彈劾商部尚書載振。	4月,俄國撕毀〈交收東三省條約〉,並提七項無理要求,引發拒俄運動。閏5月,《蘇報》案發生,章炳麟、鄒容被捕繫於租界西牢。10月,英國再次入侵西藏。12月,日俄戰爭爆發,清政府宣布嚴守「局外中立」。清政府成立練兵處、商部。黃興、宋教仁等組織革命團體華興會於長沙。
1904	光緒30年	44歲		英軍攻陷拉薩,達賴十三世出走青海。蔡元培、陶成章等在上海組織革命團體光復會。

西曆	年號	年齡	事蹟	晚清民初大事
1905	光緒31年	45歲	4月,兼任巡警隊協辦;9月,兼任巡警部參丞。	廢除科舉制度。發生抵制美貨運動。同盟會在東京召開成立大會,通過會章,選舉孫中山為總理,機關報《民報》創刊。吳樾在前門車站炸出洋考察憲政的載澤等五大臣,炸傷載澤、紹英,吳樾死難。旋改派尚其亨、李盛鐸會同載澤、戴鴻慈、端方前往各國考察政治。
1906	光緒32年	46歲	貶為湖南岳州知府。任職期間自3月至隔年4月。任職半年,便由岳陽移調常德。	7月,清廷諭旨,宣布「預備仿行憲政」,張謇、鄭孝胥、湯壽潛等在上海組織「預備立憲公會」。萍瀏醴起義,不久失敗。
1907	光緒33年	47歲	4月至12月25日,任奉天錦州知府。之後奉天置民政司,下設民政、疆理、營繕、戶籍、庶務五科,12月25日至宣統3年12月16日,任奉天民政使。創貧民習藝所、同善堂、濟良所、探訪局等機構,並設立粥廠,濟助貧民。將《蘭臺集》、《洞庭集》、《遼東集》編成三卷本《知稼軒詩稿》。題寫奉天《盛京時報》刊名。	3月,徐世昌就任東三省總督。清廷諭旨,設立資政院;9月,令各省設咨議局。同盟會發動一系列起義,均敗。徐錫麟在安慶刺殺安徽巡撫恩銘,發動起義,事敗犧牲。秋瑾在紹興準備響應徐錫麟起義,事洩就義。

附錄：張元奇生平簡表

西曆	年號	年齡	事蹟	晚清民初大事
1908	光緒34年	48歲	開辦奉天貧民習藝所，招收200餘名貧民習藝，供給伙食服裝，3年畢業後留所或自謀職業。其後安東、遼陽、營口也建立貧民習藝所。新民、遼陽等17府州縣遭大水，沖倒房屋甚多，由省庫撥銀千兩、賑米千石撫恤災民。	清廷宣布預備立憲以九年為期，頒布〈欽定憲法大綱〉。10月21日，光緒崩，溥儀繼位，改元宣統，由攝政王載灃監國。次日，慈禧崩。
1909	清宣統元年	49歲	4月3日，兼任憲政編查館一等諮議官。9月1日，奉天諮議局正式成立，兼任奉天省諮議局局長。	十六省咨議局相繼成立，派代表至北京請願，請速開國會。
1910	宣統2年	50歲	9月，東北鼠疫爆發，總司防疫行政庶務，心力交瘁，生命亦屢瀕危險。	國會請願運動，清廷宣布將原定九年的預備立憲期縮短為三年。資政院開幕。光復會在東京成立總部，推章炳麟、陶成章為正副會長。廣州新軍起義失敗。汪精衛等謀炸攝政王載灃未成。

西曆	年號	年齡	事蹟	晚清民初大事
1911	宣統3年	51歲	鼠疫撲滅，因防疫有功，諭旨予以嘉獎；日本天皇贈送胸章以示獎勵。總纂《東三省疫事報告書》，隔年由奉天防疫總局印發。5月8日吉林船廠（吉林市舊名船廠，因明清兩代皆在此造船）發生大火，災情慘重。東三省總督趙爾巽指派勘災，遂擬善後辦法十條呈送。11月5日，以奉天民政使暫行代理右參贊。12月16日，任學部副大臣，起草〈清帝退位詔書〉。	3月，廣州黃花崗起義失敗。4月，萬國鼠疫研究會議召開，出席有英、美、法等國醫學專家代表。同月以奕劻為內閣總理大臣，組成皇族內閣。8月19日，武昌起義爆發。11月，各省代表會議在南京舉行，選舉孫中山為臨時大總統。
1912	民國元年	52歲	4月10日至5月12日，任內務部次長（專管蒙藏事務）。5月9日，加入民社黨、統一黨、國民協進會、民國公會、國民黨、國民先進會合併成的共和黨。5月13日，離京至津、滬，撰寫《清外史》（隔年11月付梓）。11月16日，任福建省第一任省長（時稱民政長）。	清朝滅亡，清帝退位，公布臨時約法，兩千餘年封建帝制結束，中華民國臨時政府成立。孫中山就任臨時大總統。同盟會改組為國民黨。

附錄:張元奇生平簡表

西曆	年號	年齡	事蹟	晚清民初大事
1913	民國2年	53歲	1月9日回閩上任;撥款修築閩江堤岸,固堤栽竹,至今仍發揮作用。2月4日,路經萬壽橋,有人在橋頭引爆炸藥,幸未受傷。春末,6卷本《知稼軒詩》印行。5月9日請假北返;11月20日,正式辭去民政長職務。	3月20日,國民黨代理理事長宋教仁在上海遇刺。4月26日,簽署善後大借款協議。6月,袁世凱罷免都督柏文蔚、李烈鈞、胡漢民。7月12日,李烈鈞首先宣布江西獨立,二次革命爆發,但很短時間內失敗。10月10日,袁世凱就任第一屆大總統。
1914	民國3年	54歲	2月3日,在京與福建仕紳成立「晉安耆年會」,積極參與同鄉藝文雅集。5月9日至9月27日,任政事堂銓敘局局長。9月27日至隔年9月18日,任奉天巡按使(省長),對於日軍侵擾,致中日武力衝突,多方交涉。	第一次世界大戰爆發。中華革命黨成立。袁世凱解散國會,制定「新約法」,採總統制。8月17日,日軍在奉天昌圖縣八面城舉行軍事演習,挑釁滋事,與中方軍警發生衝突,並以此為藉口,向鄭家屯派兵駐紮;同時侵駐昌圖縣日軍與當地鄉團發生衝突,槍殺團總,綁走團丁,即所謂「昌圖案」。
1915	民國4年	55歲	1月9日,授少卿加中卿銜。9月,署內務部次長,兼參政院參政。	日對北洋政府提二十一條要求。袁世凱預備稱帝並改國號為中華帝國,蔡鍔等發動護國戰爭。陳獨秀創《青年雜誌》(《新青年》)。
1916	民國5年	56歲	2月10日至6月29日,任肅政廳都肅政史。肅政廳於6月裁撤。	袁世凱改國號為洪憲。6月6日袁世凱逝世,黎元洪任總統,段祺瑞任國務總理。8月,中日爆發鄭家屯事件。
1917	民國6年	57歲	5月,京城戰亂,自京攜眷逃亂到天津。	張勳擁溥儀復辟,段祺瑞以討逆軍總司令名義通電全國討伐,復辟失敗。孫中山在廣州成立軍政府展開護法運動,與北洋軍對抗。

西曆	年號	年齡	事蹟	晚清民初大事
1918	民國7年	58歲	8月12日，在第二屆國會當選為國會（參議院）議員，任期3年。於福州二鳳山營造生壙。冬末，11卷本《知稼軒詩》印行。	軍政府改組，改大元帥制為委員制，孫中山權力被架空。魯迅發表小說《狂人日記》。詩人蘇曼殊逝。
1919	民國8年	59歲	3月，要求教育部取締陳獨秀創辦的《新青年》、《每週評論》等刊物。7月，應毛澤東之邀參與《湘江評論》編纂工作。	4月21日，北洋政府教育部成立了國語統一籌備會，9月編輯出版《國音字典》。五四運動風起雲湧，蔡元培辭北京大學校長職。上海發起中國首次大規模罷工。中華革命黨改組為中國國民黨。北洋政府交通總長曹汝霖遭彈劾免職。
1920	民國9年	60歲	5月14日起，任經濟調查局總裁。	教育界決議以北京語為標準音，在學校推廣新國語。7月，直系曹錕與皖系段祺瑞為爭奪北京政府統治權，爆發直皖戰爭。12月，甘肅省海原縣發生8.5級大地震，數十萬人死亡。
1921	民國10年	61歲		孫中山到廣州重建軍政府，稱「非常大總統」。陳獨秀在上海成立中國共產黨。外蒙古建立親蘇君主立憲政府，宣布獨立；北洋政府不予承認，並發聲明譴責。
1922	民國11年	62歲	溘然長逝，享壽63（虛歲，郭曾炘所撰墓誌銘云：「得年六十有三。」）。	3月，上海學生成立「非基督教學生同盟」，得到北京學生響應，全國展開非基督教運動。4月，第一次直奉戰爭，奉軍戰敗。6月，陳炯明叛變。
1925	民國14年		元配王善航夫人辭世。	3月，孫中山在北京逝世。5月，英國巡捕開槍射擊上海遊行工人，發生五卅慘案。8月，國民革命軍正式組建。10月，北京乾清門廣場舉行故宮博物院成立大會。11月，馮玉祥與奉軍郭松齡簽訂密約七條，發動反奉戰爭。

附錄：張元奇生平簡表

西曆	年號	年齡	事蹟	晚清民初大事
1928	民國17年		長子張用謙等由京扶柩回鄉，安葬於福州北門外二鳳山之陽。	1月，蔣介石任國民革命軍總司令。4月，誓師北伐；日本第二次出兵山東。6月，張作霖在皇姑屯遇炸。7月，國民政府外交部發表宣言，廢除一切不平等條約，重訂新約。10月，蔣介石任南京國民政府主席。12月，張學良公開宣布支持國民政府，東北易幟。

Year	Regnal year	Age	Life event
1860	10th year of Xianfeng's reign		Zhang was born on March 3 in the Agricultural Calendar, in the Year of Monkey and Houkuan County, Fujian (currently known as Houmei Village, Minhou County, Fujian).
1885	11th year of Guangxu's reign	25	Zhang gained the Provincial Graduate rank in the autumn examination and was in 76th place.
1886	12th year of Guangxu's reign	26	Zhang gained the Scholar Passed Metropolitan Examination (貢士) rank in the spring examination and was at 105th place; Zhang gained first place in the secondary examination. In the Pingxu year (1886) palace examination, Zhang gained the Metropolitan Graduate rank and was in 122nd place. In the court examination held three days later, Zhang was ranked 25th place in grade one, and granted the position of Hanlin Bachelor as a Metropolitan Graduate.
1889	15th year of Guangxu's reign	29	In April, Zhang was appointed as the Hanlin Junior Historiography Compiler.
1891	17th year of Guangxu's reign	31	Zhang was appointed the Assistant Historiography Compiler of Historiography Institute.

Year	Regnal year	Age	Life event
1894	20th year of Guangxu's reign	34	Zhang was ranked grade two in Hanlin Grand Examination (翰詹大考).
1895	21st year of Guangxu's reign	35	Zhang sat for the examination to acquire the qualification for the censor position and was promoted to Investigating Censor, serving as the chief editor of the *Local history of Shaowu Office* (紹武府志).
1899	25th year of Guangxu's reign	39	In April, Zhang was appointed as the Investigating Censor of Jiangnan Circuit (江南道). In October, Zhang's father passed away and he returned to his hometown on record for filial mourning. During this period, he became the Director of Feng Chi Academy and Ao Feng Academy.
1903	29th year of Guangxu's reign	43	Zhang and Liu Hong Shou jointly purchased a steamer and founded the Foochow Steamer Company. In February, Zhang left Fujian and returned to work in the capital. In May, he returned to the position of Investigating Censor of Jiangnan Circuit. In July, Zhang was appointed the Inspecting Censor of Southern City. In October, Zhang impeached Minister of Commerce, Prince Zai Zhen
1905	31st year of Guangxu's reign	45	In April, Zhang held a concurrent position as Assistant of the Police Department. In September, Zhang held a concurrent position as Adviser of the Police Department.
1906	32nd year of Guangxu's reign	46	Zhang was demoted to Prefect of Yuehchou, Hunan.
1907	33rd year of Guangxu's reign	47	From April to December 25, Zhang was appointed as Prefect of Chinchou, Fengtien. From December 25 to December 16 of the 3rd year of Xuantong's reign, Zhang was appointed as Commissioner of Fengtien Civil Affairs Division.

附錄:張元奇生平簡表

Year	Regnal year	Age	Life event
1909	1st year of Xuantong reign	49	On April 3, Zhang held a concurrent position as a top consultant of the Commission for Studying Constitutional Government (憲政編查館). On September 1, Fengtien Consultancy Bureau (奉天諮議局) was formally established and Zhang held a concurrent position as the Director-General of the bureau.
1911	3rd year of Xuantong reign	51	On November 5, as the Commissioner of Fengtien Civil Affairs Division, Zhang was appointed as the acting Right Consultant (右參贊). On December 16, Zhang was appointed the Vice Grand Minister of Education and drafted the *Imperial Edict of the Abdication of the Qing Emperor*.
1912	1st year of ROC	52	From April 10 to May 12, Zhang was appointed Deputy Minister of the Ministry of Internal Affairs (overseeing matters pertaining to Mongolia and Tibet). On May 9, Zhang joined the Republican Party, which was formed following a merger by the People's Association (民社黨), Unity Party (統一黨), National Progressive Association (國民協進黨), Civil Conference Board (民國公會), Kuomintang (國民黨) and Consortia of the Republic of China (國民先進會). On May 13, Zhang left the capital for Shanghai and authored *An Unofficial History of Qing Dynasty*. On November 16, Zhang was appointed the first Governor of Fujian Province (known as Commissioner of Civil Affairs Department at the time).

Year	Regnal year	Age	Life event
1913	2nd year of ROC	53	On January 9, Zhang returned to Fujian for his new position. He appropriated budget to construct the embankment of the Min River. On November 20, Zhang formally resigned his position as the Commissioner of Civil Affairs Department.
1914	3rd year of ROC	54	On February 3, Zhang, along with other compatriots from Fujian, established the Chin'an Senior Intellect Society in Peking. From May 9 to September 27, Zhang was appointed the Director-General of the Civil Servant Bureau of the Executive Council. From September 27 to September 18 of the following year, Zhang was appointed the Fengtien Regional Commissioner (Governor).
1915	4th year of ROC	55	On January 9, Zhang has conferred Vice Minister and Ordinary Minister titles. In September, Zhang was appointed Deputy Minister of the Ministry of Internal Affairs and held a concurrent position as Vice-Minister of the Council of State.
1916	5th year of ROC	56	From February 10 to June 29, Zhang was appointed the Surveillance Commissioner. The Surveillance Bureau was abolished in June.
1918	7th year of ROC	58	On August 12, Zhang was elected a Senator of the Second National Assembly, for a three-year tenure.
1920	9th year of ROC	60	Since May 14, 1920, Zhang was appointed as the Director-General of Economic Survey Bureau.
1922	11th year of ROC	62	Zhang passed away at the age of 63 (nominal age).
1925	14th year of ROC		Zhang's wife, Madam Wang Shan Hang passed away.

附錄：張元奇生平簡表

Year	Regnal year	Age	Life event
1928	17th year of ROC		Zhang's eldest son, Zhang Yung-Chien transferred them back to hometown for burial. Their tombs are currently at the east of Mount Er Feng outside the North Gate of Fuzhou.

張元奇會試硃卷概說

此之謂自謙故君子必慎其獨也　覆試一等第一名張元奇

求謙以戒欺君子所以有慎獨之功也夫非自謙則好惡不誠矣、知夫此然後可以語慎獨之功而勉為君子耳、且自修之道必返之己而愜然無慊者然後諸身而懍然無私此非可驟期也不容偽者是非之心存誠足徵全量不容忽者隱微之處思誠乃有實功理足於中而私不雜性復其始而物不移然後知意念偶之時有如是競競以持之者已惡惡好善所以必戒其自欺者蓋以好惡之出於顯者可知好惡之出於獨者難知也如是則非自謙不足以誠其意也事莫患出之於強而修為偶懈徒成苟且之

賦得報雨早霞生 得生字五言八韻　張元奇

忽報今朝雨全蘇待澤情
正當紅日上早見彩霞生
翠靄浮青郭高標燦赤城
為霖功醞釀出海勢崢嶸
信比傳籌急看散綺明
潤痕蒸柱礎綵色射銅鉦
孤鶩天邊影鳴鳩樹末聲

四時調

本房加批

聖世大野樂春耕

春容大雅卓爾不羣

賦得流水無聲入稻田 得聲字五言八韻　張元奇

澗水長流急江田旱稻生一畦抽欲活十畝入無聲碧毯舒
新漲紅蓮映晚晴齊齊催雨綠泪泪逐波輕香襲柴門近光
涵麥隴清登場占吉兆倚樹寄閒情花徑通彌暗秧塍浸恰

平倉箱豐

盛世蔀屋慶西成

辰垣王夫子加批

雅切絕倫

制義題目：

此之謂自謙，故君子必慎其獨也。

張元奇複試一等第一名答卷：

求謙以戒欺，君子所以有慎獨之功也。

夫非自謙，則好惡不誠矣。知夫此，然後可以語慎獨之功，而勉為君子耳。

且自修之道必返之己，而慊然無憾者，然後課諸身而懍然無私，此非可驟期也。

不容偽者，是非之心，存誠足徵全量；不容忽者，隱微之處，思誠乃有實功。

理足於中而私不雜，性復其始而物不移，然後知意念偶動之時，有如是兢兢以持之者已。惡惡好善所以必戒其自欺者，蓋以好惡之出於顯者可知，好惡之出於獨者難知也。如是則非自謙，不足以誠其意也。

事莫患出之於強，而修為偶懈，徒成苟且之圖，自謙則持之必堅，而好與惡之鏊然不淆者，獨葆秉彝之美，是何其快足若此也。事莫患涉之於虛，而客感紛乘，漸弛閑存之力，自謙則操之必固，而好與惡之決然難緩者，不虞物欲之紛，是何其渾全若此也。

此謙之謂也，此自謙之謂也。

且夫察之不精，則欺之中於無形者，有猝不及防矣。閑之不力，則欺之乘於不覺者，有迫不及待矣。蓋功修之密，進於

自然，苟一念未純，即貽此心之累，惟奮全神以敦實踐，而防情淑性，漸造大成。而詐偽之乘，萌於始念，苟幾微未謹，難期此理之全，惟處暗室如對大廷，而履薄臨深，必嚴無象。

不可以知君子慎獨之故乎？

獨之為時甚暫，而理欲交爭焉，設於此不惕之於心，恐好惡未公，易淆其素守，故知其欺而欺無自至，不知其為欺，而欺即因不知而至也。君子自格致以來，何者可疏其防檢，而不聞不睹，獨戒慎而勵其操，此固所以端其自謙之基也，而何虞其欺之暗長哉！獨之為地甚微，而天人交戰焉。設於此不嚴之於始，恐好惡失實，終昧其本然。故見其欺而欺無自來，不見其為欺，而欺即因不見而來也。君子以治平為量，何者可懈其操存，而日旦日明，獨惕勵而端其念，此固所以葆其自謙之心也，而奚慮其欺之潛滋哉！

人欲慎獨，亦先勿欺其好惡矣。

試律詩題目：

〈賦得流水無聲入稻田〉　（得聲字五言八韻）

張元奇複試一等第一名答卷：

澗水長流急，江田早稻生。一畦抽欲活，十畝入無聲。
碧毯舒新漲，紅蓮映晚晴。齊齊催雨綠，汩汩逐波輕。
香襲柴門近，光涵麥隴清。登場占吉兆，倚樹寄閒情。
花逕通彌暗，秧塍浸恰平。倉箱豐盛世，茆屋慶西成。

張元奇會試硃卷概說

林伯謙

一、關於清代科舉

「一士登甲科,九族光彩新」、「朝為田舍郎,暮登天子堂」、「十年寒窗無人問,一舉成名天下知。」古代讀書人焚膏繼晷,就是夢想通過科舉,魚躍龍門,施展人生抱負;但要脫穎而出,必須經過層層關卡。清代科考,地方縣試、府試不提,一般要經過院試、鄉試、會試、殿試這幾個程序。院試三年之內舉辦兩次;鄉試、會試、殿試,三年一試,或因朝廷慶典,特別開科取士,稱之為「恩科」。院試通過稱為「秀才」;鄉試上榜為「舉人」;會試上榜稱「貢士」;殿試通過為「進士」,以下逐一介紹:

院試

是取得正式科舉資格的考試。通過縣、府試的「童生」,參加由各省提督學政主持的院試,因提督學政又稱學院,故稱院試;學政親臨考場,叫做「案臨」,《儒林外史》提到「宗師案臨」,就是指學政來主持院試。通過考試者稱「生員」,俗稱「秀才」,第一名稱「案首」。秀才資格分三種:廩生、增生、附生,廩生可獲官府廩米津貼;增生是增額的生員,與廩生都有固定人數,再又額外增取,附於諸生之末,則稱附生。

秀才是進入士大夫階層的最低門檻。成為秀才即代表「功名在身」，在地方享有特權，會受到一定尊重，亦可免除徭役、見知縣不用下跪、知縣不可輕易對其用刑、遇公事可稟見知縣，甚至隨意罵人也不必受罰挨板子，所以有「秀才口，罵四方」的俚語；但是只有秀才資格，若未能通過之後的科考，亦無法派任官職。很多秀才在功名上未能更進一步，只能在家鄉教書謀生。

鄉試

　　是自元朝開始設置的科舉制度，明清沿襲之。因是秋季在各省省城舉行，故名「秋試」、「秋闈」，發榜則稱為「桂榜」、「乙榜」、「乙科」。參加考試人員需有生員、貢生（秀才成績優異，可入國子監就讀者）、監生（在國子監就讀者）等等諸生資格，才能應試。考中者稱「舉人」，取得會試資格，第一名為「解元」。

　　自乾隆末期以來，鄉、會試都考三場，每一場三天，考試內容依次是：第一場考四書文三篇、五言八韻詩一首；第二場試五經義五篇，每經各一篇；第三場為經史時務策五題。杜受田等修《欽定科場條例》卷十三〈現行事例〉即說：「鄉、會試題：第一場，《四書》制義題三、五言八韻詩題一；第二場，五經制義題各一；第三場，策問五。」

會試

　　在京城舉行的考試，因春季舉行，故又稱「春試」、「春

闈」，或「禮部試」，考試由禮部主持，皇帝任命正、副總裁，各省的舉人皆可應考，官方給予盤纏。清代會試上榜名額不定，《清史稿・選舉志》說：「歷科大率三百數十名，少或百數十名，而以雍正庚戌（八年，1730）四百六名為最多，乾隆己酉（五十四年，1789）九十六名為最少。」中第者稱「貢士」，第一名叫「會元」。

　　清初貢士本不進行複試（覆試），後因發生科場舞弊，嘉慶初成為定制。道光六年（1826）丙戌科探花帥方蔚在其《詞垣日記》引據複試之淵源曰：「案覆試之法始於後漢，見《後漢書・黃瓊傳》。」依《後漢書・黃瓊傳》記載：「（左）雄前議舉吏，先試之於公府，又覆之於端門，後尚書張盛奏除此科。瓊復上言：『覆試之作，將以澄洗清濁，覆實虛濫，不宜改革。』帝乃止。」複試考「四書文」一篇及五言八韻詩一首，當日交卷，第二天派閱卷大臣評定，分出一、二、三等。

殿試

　　貢士最後參加殿試，由皇帝在殿廷上對會試錄取者親自策問。皇帝先是任命讀卷大臣擬出若干題，送皇帝欽定圈選，考試只一道「時務策」，時間一天，試卷由讀卷大臣進行評定後，向皇帝進呈前十本，待欽定名次，公布引見（傳臚）。

　　據趙翼《陔餘叢考》卷二十八的說法：「本朝殿試在四月二十五日，傳臚在五月朔（初一）。乾隆二十六年（1761）辛巳科，奉旨改四月二十一日殿試，二十五日傳臚。」由上可

知乾隆二十六年定制殿試農曆四月二十一舉行。自北宋仁宗以來，殿試依慣例不淘汰考生，僅決定「進士」名次。殿試後分出三甲，謂之「甲榜」，而皇帝所頒詔書以黃紙書寫，因此發布殿試名單也叫「黃榜」。一甲三名，狀元、榜眼、探花，賜「進士及第」；二甲和三甲人數不固定，二甲賜「進士出身」，三甲賜「同進士出身」。若鄉試、會試、殿試都第一，就稱「三元（解元、會元、狀元）及第」、「連中三元」。進士是科舉的終點，也是仕途的起點。

二、明清科舉制義的變化

八股文又稱股賦、四書文、經義文、八比文、八章文、時文、時藝、制藝、制義等，是明清科舉制度的一種特殊文體，源頭可以追溯至宋元時期的經義取士；甚至有說是仿自唐代帖經。《清史稿‧選舉志》說清代科考沿襲明代，但法規防弊更周密：「有清科目取士，承明制用八股文。取《四子書》（《四書》）及《易》、《書》、《詩》、《春秋》、《禮記》五經命題，謂之制義……。有清以科舉為掄才大典，雖初制多沿明舊，而慎重科名，嚴防弊竇，立法之周，得人之盛，遠軼前代。」

至於其中制義寫作還是有所差異。八股文基本特點是：（１）題目一律用《四書》、《五經》的原文。（２）內容必須以程朱理學思想為準則。（３）結構有一套固定模式，清代中葉以後，全篇便以破題、承題、起講、入題、起股、中股、後股、束股組成。起筆先用兩句揭示題旨，名為「破題」，接

著承上文而加以闡發，叫「承題」，然後開始議論，稱「起講」，再後為「入題」，作為起講後引出篇旨的突破口，以下再分「起股」、「中股」、「後股」、「束股」四股，各股中有互相排比對偶的散體議論文句組成八股。「股」原是大腿的意思，因「造化賦形，支（肢）體必雙，神理為用，事不孤立。」（《文心雕龍・麗辭》）所以這裡指兩兩相對的偶式句；八股並不是指文章有八段，而是文章「起二股」、「中二股」、「後二大股」、「末二小股」，共成八股（也就是八個排比，故稱八比）。句之長短，字之繁簡，聲調之緩急，都相對成文，才是正格。至於「束股」二小比也有提前用於起股或中股之後的情形，張元奇複試第一名的卷子就是如此。

顧炎武《日知錄》卷十六〈試文格式〉考訂「八股文」名稱始於明憲宗成化以後：「經義之文，流俗謂之八股，蓋始於（憲宗）成化以後。股者，對偶之名也。（英宗）天順以前，經義之文不過敷演傳注，或對或散，初無定式，其單句題亦甚少。成化二十三年，會試〈樂天者保天下〉文，起講先提三句，即講樂天，四股；中間過接四句，復講保天下，四股；復收四句，再作大結。（孝宗）弘治九年，會試〈責難於君謂之恭〉文，起講先提三句，即講責難於君，四股；中間過接二句，復講謂之恭，四股；復收二句，再作大結。每四股之中，一反一正，一虛一實，一淺一深，其兩扇立格，則每扇之中各有四股，其次第文法亦復如之，故今人相傳謂之八股。若長題則不拘此。（世宗）嘉靖以後，文體日變，而問之儒生，皆不知八股之何謂矣。」

從上述可知,「八股文」是通俗的稱呼,雖然叫「八股」,但格式仍有所變化,其文體可能前後各四股,再作大結,如顧氏這般說法;但中間排偶句也有不只八股的情形,梁章鉅《制義叢話》卷一即說:「明人制義,體凡屢變。」光緒末科探花商衍鎏(1875－1963)《清代科舉考試述錄及有關著作》論清八股是說:「文之發端為破題、承題,破承之後為起講,即入口氣,起講而後排比對偶,接連而八,故曰八股。」也就是在起講之後,接連有對偶句或句群,把題目涵蓋,論析周詳。「接連而八」的寫作規範,與明中葉後在文章最終加上「大結」闡發有所不同,康熙末年已將大結禁絕。《制義叢話》說:「前明制義,每篇之後,多有大結。本朝陸清獻(陸隴其諡清獻)亦嘗論大結之不可無,漢唐以下皆可借題立論,隨題可以綴入。明之中葉,每以此為關節,後因文日加長,此調漸廢,至我朝康熙六十年(1721),始懸之禁令。乾隆十二年(1747),編修楊述曾忽有復用大結之請。大學士張廷玉等奏駁,以為若用大結,未見有益,而弊竇愈起,斷不可行。其議遂寢,至今遵守。」

最後的「大結」往往借題發揮己意,使篇幅加長,這在清代並不允許,因四書文是代孔孟聖賢立言,考生行文命意,必須就題闡釋,依注作解,不得擅自生發,獨出新論。清代制義原定每篇限五百五十字,康熙二十年(1681)增加百字。五十四年,會元尚居易因字逾千二百而遭黜革。乾隆四十三年(1778)更明確規定鄉試、會試字數在七百以內,《制義叢話》稱讚說:「長短得中,至今遵守。」其文字務求「清真

雅正」（雍正「屢以清真雅正誥誡試官。」）方為藝林之矩矱，制義之準繩。

三、張元奇丙戌科考情況

張元奇在光緒十一年（1885）秋闈，以福州府學增生資格參加鄉試中舉，列第七十六名。隔年丙戌，張元奇26歲，赴京參加禮部春闈，四月十三日放榜，中貢士，列第一百零五名；繼而在保和殿舉行新科貢士複試（會試卷上寫「覆試」），列為一等第一名，《清實錄光緒朝實錄》記載：「此次新貢士覆試，列入一等之張元奇等七十名；二等之承德等一百二十名；三等之華鳳章等一百二十九名。俱著准其一體殿試。」二十一日在保和殿舉行殿試，五月初七放榜，張元奇登丙戌科進士第，列二甲第一百二十二名。三日後，參加朝考，列一等第二十五名，賜進士出身，改為翰林院庶吉士（從七品銜）。丙戌會試，共登科319名進士。

張元奇參加會試，循例考過三場，再加考一場複試。三場中的第一場要寫三篇制義，考的是以八股文申論《四書》義，並賦一首五言八韻詩。第一道題出自《論語‧衛靈公篇》，題目相當長：「子張問行。子曰：『言忠信，行篤敬，雖蠻貊之邦行矣；言不忠信，行不篤敬，雖州里行乎哉？立則見其參於前也；在輿則見其倚於衡也。夫然後行。』子張書諸紳。」第二道題是《中庸》的「中庸不可能也」；第三道題是《孟子‧公孫丑上》：「取諸人以為善，是與人為善也。故君子莫大乎與人為善」。還有試律詩題是

〈賦得「報雨早霞生」〉（得生字五言八韻），「報雨早霞生」是引自中唐耿湋的詩句。

清代順治二年（1645）明確規定出題兩種情況：首題《論語》，次題《中庸》，三題《孟子》；或者首題《大學》，次題《論語》，三題《孟子》。換言之，三題中《論語》、《孟子》一定要有，《大學》、《中庸》可任出一題。此規定載於《欽定科場條例》卷十三，不得違反，光緒丙戌科也確實遵行。複試制義題是《大學》的「此之謂自謙，故君子必慎其獨也」，如此剛好把《四書》論、孟、學、庸全出了；而試律詩題則是〈賦得「流水無聲入稻田」〉（得聲字五言八韻），「流水無聲入稻田」是取自北宋蘇轍的詩句。

與張元奇同榜登第的王樹枏為宋伯魯《海棠仙館詩集》寫序說到：「有清末造，人文之盛，莫過於丙戌一科。」朱彭壽《安樂康平室隨筆》卷三記錄道光以來盛衰榜運及人才的職稱說：「歷科榜運，其盛衰各不相同，故諺有響榜、啞榜之說。順治三年丙戌（1646），為本朝第一次舉行甲科，其間位躋卿相者甚夥。阮亭《居易錄》內，曾歷舉其姓氏，以為美談。近有客問道光以來，何科最盛？余以壬辰、乙未、丁未三科答之，而問者欲知其詳。因自道光初迄光緒末，凡甲乙科中官至一二品者，備記之以覘榜運⋯⋯。丙戌科進士，大學士一徐世昌，協辦大學士一榮慶，尚書一鄒嘉來，侍郎一景厚，副都統一伊克坦，鎮邊大臣二闊普通武、瑞洵，總督二楊士驤、陳夔龍，巡撫一馮煦，布政使三吳品珩、王樹枏、王人文，民政使一張元奇。」

乾隆曾說過：「從來科場取士，首重頭場四書文三篇。」《清史稿・選舉志》也說：「名為三場並試，實則首場為重。」張元奇會試卷三篇制義收錄在顧廷龍主編《清代硃卷集成》第58冊。「士子用墨，曰墨卷。謄錄用硃，曰硃卷。」「硃卷」即朱卷，明清兩代，為防科舉考官舞弊，例將應試人之墨卷彌封糊名，付謄錄人用朱筆另抄一通，再交考官批閱，即稱朱卷。清人中試後，每將考卷刊印贈送師友，沿例亦稱之。此份朱卷包含履歷、科份、試文三部分，履歷除考生姓名基本資料，並詳載家族譜系和師承關係；科份記錄考生為某朝某歲科（如張元奇是光緒丙戌科）、登第名次，並羅列總裁、閱卷官、同考試官之姓氏官階；試文除考題和答卷外，並附記簡要批語。

至於張元奇殿試卷，目前已難訪得，殿試卷零落散佚，傳世甚少的原因，傅增湘《清代殿試考略》有提到：「舊制每科殿試，內閣填榜後，原卷即存內閣大庫，嚴加扃鑰，并累年積擱，蟲鼠損浥，重以吏役盜竊，多已零落不完。宣統元年因庫屋滲漏，發帑重修，庫存檔案書籍，點派侍讀、中書等十人入庫檢理，移歸學部，此試卷亦隨以往。余戊午筦部務時，查詢舊存試卷，尚餘白木大箱六七，因以簿書之隙，發篋躬自閱視，凡歷科達人名士之卷，咸已不存，蓋移交時，早為識者取攜以去矣。」2014年，北京中華書局出版《法蘭西學院漢學研究所藏清代殿試卷》共34冊，已是目前所見殿試卷收錄最多者。

四、張元奇複試四書文

此次複試閱卷大臣計十四人：福錕、潘祖蔭、翁同龢、童華、景善、徐郙、廖壽恆、崑岡、奎潤、孫詒經、徐桐、麟書、許庚身、薛允升。這些人當中，也有的在會試及殿試擔任閱卷大臣及讀卷大臣，而像潘祖蔭、徐郙、廖壽恆則是三項工作都擔任。張元奇能在競爭激烈的佼佼者中脫穎而出，獲得一等第一名，實屬不易。

《大學》原為《禮記》第四十二篇，約為秦漢之際儒家作品，一說先秦時期曾子作。內容提出明明德、親民、止於至善的三綱領和格物、致知、誠意、正心、修身、齊家、治國、平天下八條目。北宋程顥、程頤兄弟從《禮記》中抽出，以與《論語》、《孟子》、《中庸》相配合。至南宋淳熙年間（1174-1189），朱熹撰《四書集注》，將它和《中庸》、《論語》、《孟子》合為《四書》，成為流傳最廣、明清士子同遵的版本。

複試題目「此之謂自謙，故君子必慎其獨也。」已經把《大學》原文開頭「所謂誠其意者，毋自欺也。如惡惡臭，如好好色」截掉，此種出題割裂的現象，早在明代就出現，因為整段整章的題目，考生念過摸熟，遇到同題，可以抄用。閱卷官很難分辨，而像這種缺頭缺尾的題，可以考驗舉子對《四書》的熟悉度，並杜絕抄襲的弊病。

朱熹闡釋誠意此段說：「誠其意者，自脩之首也。毋者，禁止之辭。自欺云者，知為善以去惡，而心之所發有未實也。

謙,快也,足也。獨者,人所不知而己所獨知之地也。言欲自脩者知為善以去其惡,則當實用其力,而禁止其自欺。使其惡惡則如惡惡臭,好善則如好好色,皆務決去,而求必得之,以自快足於己,不可徒苟且以殉外而為人也。然其實與不實,蓋有他人所不及知而己獨知之者,故必謹之於此以審其幾焉。」

朱熹個人的闡釋,有經過前後期不同體會的變化。陳林〈朱熹晚年修訂《大學章句》〈誠意〉章的心路歷程及義理探析〉指出:「朱熹晚年對《大學章句》『誠意』章多有修訂,其放棄了原來把『毋自欺』理解為要人在幾微毫釐處做工夫,以求達到十分為善的思想,而最終把『自欺』理解為人知道應該為善以去惡,但內心所發之意念有所不誠的心理狀態。朱熹對『誠意』章的修訂理順了誠意、自欺、自慊、慎獨之間的關係,使『誠意』章全篇文義通暢無礙。」一般考生答題,若對朱子思想無法充分理解,沒有遵照他的意思代聖賢立言,就不可能是優秀的制義,就會被淘汰。

《大學》說:「所謂誠其意者,毋自欺也。如惡惡臭,如好好色,此之謂自謙;故君子必慎其獨也。」以好好色、惡惡臭做譬喻,真誠的意念是真實不虛假,就要做到好善如好好色,惡惡如惡惡臭。說白一點,修身誠其意的道理,就是誠實面對自己的意念,要做到不欺騙自己,好比遇到不善的事情,一定要遠離它,如同聞到很臭的味道,由心裏產生厭惡的感覺而自動離開;對於美好的事情,一定要親近接受它,如同看到或聽到美好的顏色,心生歡喜,一心一意追求到底,須臾不離,能夠這樣出乎自然,誠實不欺地修身,必能「自謙」

——使自己感覺無比的快樂與滿足。

要做到這樣的地步,便須毋自欺的慎獨工夫。所謂慎獨,朱子說:「獨者,人所不知,而己所獨知之地也。」這可以是一個人獨處的時候,小心謹慎,不敢苟且隨便;也可以指意念,人的意念是善是惡,別人雖不知道,自己則是清清楚楚,人須在自己的念頭生起時,省察其善惡,而切實地為善去惡,自己才會感到愜意、滿足,問心無愧。

張元奇這份複試第一的文字內容,都是嚴格依照朱熹《四書集注》的意思撰寫。朱熹將「自謙」解釋為發自內心的自我滿足,也就是「自謙」的「謙」不是謙虛的意思,而是通「慊」字,因此朱熹說:「謙讀為慊。」「慊,快也,足也。」張元奇非常熟悉大學這段文字開頭就是「所謂誠其意者,毋自欺也」,所以他破題就說「求謙以戒欺」,緊扣題目旨意發揮,後文還指出要發自內心的自我滿足「是何其快足若此也」,並特別申明是君子慎獨不自欺之故,完全符合朱子心性觀,沒有偏題、跑題。八股文結構嚴謹,字句意思必須前後照應衍伸,此作前半部著重自謙,後半著重慎獨,而且圍繞誠意、不自欺、自謙、慎獨、君子五個主軸關係,以八股排偶,用六百二十五字迴環交織而成,故有王辰垣考官給予「胸中雪亮,筆無纖塵,縷析條分,軒輊呈露」的評語。以下拆解張元奇這篇第一名的四書文,列表說明其對應的八股制義格式。

八股名稱	制義： 此之謂自謙， 故君子必慎其獨也	行文格式	說明
破題	求謙以戒欺，君子所以有慎獨之功也。	二句散行文字。	用兩句單行，破解題目的意蘊。「君子」是儒家思想中具有崇高道德修養的人，正面點出內心滿足來自不欺，也就是君子有慎獨修養之故。
承題	夫非自謙，則好惡不誠矣。知夫此，然後可以語慎獨之功，而勉為君子耳。	五句散行文字。	承，接也。將所破緊要意思承接而下，引申而言，使之曉暢。要求明快關連，不可破自破而承自承，互不相干。破題對於聖賢要用代字，如堯舜稱「帝」、孔子稱「聖人」；承題則直稱堯舜、孔子，不再避忌。此處無此問題。文從反面「非自謙」承接來說。
起講（小講、原起）	且自修之道必返之己，而愜然無憾者，然後課諸身而懍然無私，此非可驟期也。	四句散行文字。	字句不求多，常用「意謂」、「且夫」、「嘗思」等開端。須總括全題，籠罩全局。此處是講回歸自我修養的重要和無法一蹴可幾。
入題（領題、落題、提筆）	不容偽者，是非之心存誠足徵全量；不容忽者，隱微之處思誠乃有實功。	四句兩兩排偶，帶入主題。	用短句，或領上以入題，或渾括領起以入題，是起講後引出篇旨的突破口。此處論及誠意正在於不自欺、能慎獨。

八股名稱	制義： 此之謂自謙， 故君子必慎其獨也	行文格式	說明
起股（起比、題比、提股、前股、前比）	理足於中而私不雜，性復其始而物不移，然後知意念偶動之時，有如是兢兢以持之者已。 惡惡好善所以必戒其自欺者，蓋以好惡之出於顯者可知，好惡之出於獨者難知也。如是則非自謙，不足以誠其意也。	九句。一二句、七八句各形成偶句。	開始發議論，但一般不過長，是為了讓中後股有更多發揮空間。前四句意指誠意在不自欺，後五句說到要使意念或獨處時不自欺，需要真正內心滿足，唯有真正內心滿足，才能達到誠意。
二小股	事莫患出之於強，而修為偶懈，徒成苟且之圖，自謙則持之必堅，而好與惡之釐然不淆者，獨葆秉彝之美，是何其快足若此也。 事莫患涉之於虛，而客感紛乘，漸弛閑存之力，自謙則操之必固，而好與惡之決然難緩者，不虞物欲之紛，是何其渾全若此也。	各七句形成兩股，兩兩相對排偶句。	起股後的兩小股，若放在後股之後就稱「束股」，但也可以在起股、中股之後，位置不同，用途隨之改變，總合全篇仍是八股。此處是用來補足起股，照應題目的「自謙」，強調唯有堅定達到內心滿足的決心，才能不自欺的明辨好惡。
出題	此謙之謂也，此自謙之謂也。	散句	結束「自謙」論述。
中股（中比）	且夫察之不精，則欺之中於無形者，有猝不及防矣。閑之不力，則欺之乘於不覺者，有迫不及待矣。 蓋功修之密，進於自然，苟一念未純，即貽此心之累，惟奮全神以敦實踐，而防情淑性，漸造大成。 而詐偽之乘，萌於始念，苟幾微未謹，難期此理之全，惟處暗室如對大廷，而履薄臨深，必嚴無象。	句式雙行，句數多少無定製。要求相對成文，形成排偶。	制義中、後股是全篇重心所在，必須盡情發揮，進一步搜剔題中正反神理奧妙。此處鎖上關下，輕鬆靈活，闡述自欺常於不知不覺中發生，令人猝不及防，而求不自欺，唯有力行慎獨，為後股長文先行鋪墊。

143

八股名稱	制義： 此之謂自謙， 故君子必慎其獨也	行文格式	說明
過接	不可以知君子慎獨之故乎？	散句。	準備轉到後股，暢論慎獨。
後股 （後二大比）	獨之為時甚暫，而理欲交爭焉，設於此不惕之於心，恐好惡未公，易淆其素守，故知其欺而欺無自至，不知其為欺，而欺即因不知而至也。 君子自格致以來，何者可疏其防檢，而不聞不睹，獨戒慎而勵其操，此固所以端其自謙之基也，而何虞其欺之暗長哉！ 獨之為地甚微，而天人交戰焉。設於此不嚴之於始，恐好惡失實，終昧其本然。故見其欺而欺無自來，不見其為欺，而欺即因不見而來也。 君子以治平為量，何者可懈其操存，而旦旦曰明，獨惕勵而端其念，此固所以葆其自謙之心也，而奚慮其欺之潛滋哉！	句式雙行，相對成文，形成排偶。	後股作用是暢發中股所未盡，或推開，或充足，或映襯，要求莊重踏實，振起全篇精神。此股在全篇文字最長，將「獨之為時甚暫」與「獨之為地甚微」；「君子自格致以來」與「君子以治平為量」錯綜排偶，而君子、誠意、不欺、自謙、慎獨環環緊扣，正反論述：不辨於自欺，是因不嚴不惕於獨，則好惡未公失實；能辨於自欺，是因珍寶自謙之故，則能不憂不慮於自欺。
束股	無	無	本篇相當精練，只625字。束股的二小比原是在照應點醒全篇而收束全文，但也可以彈性調整，本篇是移到起股之後。
收結	人欲慎獨，亦先勿欺其好惡矣。	散行句法。	代聖賢立言，不可天馬行空發揮己意。總歸題旨，慎獨在於先不自欺，簡短有力。

五、張元奇複試試律詩

　　試律詩又名試帖詩、賦得體。清代科舉試詩，可溯自順治。順治十四年（1657），江南丁酉科場舞弊，「皇上震怒，部嚴加覆試，以〈春雨詩五十韻〉命題，黜落舉人三十餘名，主考房官二十二人刑於市。」次年，順治「親覆試江南丁酉貢士，以古文詩賦拔武進吳珂鳴第一。」這是清代以詩為科考的先聲。至乾隆二十二年（1757）命會試於第二場加考試律詩「五言八韻唐律一首」，原因是：「有能賦詩而不能作表之人，斷無表文華贍可觀，而轉不能成五字試帖者；況篇什既簡，司試者得從容校閱，其工拙尤為易見。」至二十四年（1759）各級考試全面施行加考試律詩。

　　乾隆四十七年（1782）又准副都御史巴彥學請更定科場詩論，以杜關節，以端士習之奏。將試律由第二場移置頭場，與八股文等重，說：「詩題係朕所命，且律句謹嚴，難以揣摩。又若頭場詩文既不中選，則二三場雖經文、策問，間有可取，亦不准復為呈薦。」乾隆喜愛題詩，因此除了防弊，當亦權衡經藝與詩賦分別可以勘察士子知性（理性）與感性，在八股文之外增設試律，明顯有綜合兩者之長的用意。

　　《儒林外史》中敘述明代一個熱衷功名的貧寒老童生范進，千辛萬苦終於中舉、中進士了，還識不得蘇軾，吳敬梓諷刺范進這種人傾注生命在八股舉業，結果連大文豪是誰都不清楚！這是笑話，而清代詩、文都考，當然就不會有這種問題發生。

試律詩格式是從傳統近體詩演化而來，變得更加嚴格，平仄未調，韻腳未協，格式疏失，即罷斥不用，甚或遭受處罰。以下分從題目、用韻、平仄、內容結構、頌聖、避諱、抬寫加以介紹，並以張元奇試律詩為例說明之。

（一）題目

鄉試、會試嚴格限制詩題格式為「賦得某某某（古書中某句）得某字（此句之中的某字）五言八韻」，而且由於乾嘉時的會試、順天鄉試的詩題基本由皇帝欽定，是以其詩題的標準格式為「欽定賦得（或「欽命詩題賦得」、「恭賦御製」）某某某得某字五言八韻」。

詩題除皇帝可即景命擬外，題目一律出自前代經史子集，因此考生最好能洞曉詩題出處，才不致違背題意；但是古籍太多，豈能一一熟記？因此試律首重審題。題目為全篇之總綱，旨意脈絡起承轉合，務必重視前後關連照應，葉葆《應試詩法淺說》指出題目不同，寫法也將不同，必須找出當中的關鍵字眼：「題不一類，自不一法。倘不細審題竅，則輕重不分，賓主不明，從何處著筆？……必須尋得題間，知其著眼何字，下筆方中理解。」尤其試律必於一、二聯點題，全題字眼於一、二聯中見出，才是緊扣題旨。若題字太多，不能一一盡出，必擇其緊要字點明，未點之字再至結局補點。翁昱旭《試律須知》云：「點題之必在首聯也。無論六韻八韻，首聯皆名『破題』。……若出題太緩，恐使人不知為何題也。」

此複試詩題「流水無聲入稻田」，是出自蘇轍〈遊廬山山陽七詠・白鶴觀〉，張元奇寫來吉祥喜氣，題目七個字，全在詩歌首兩聯點出，自然而流暢：

〈賦得流水無聲入稻田〉
澗<u>水</u>長<u>流</u>急，<u>江</u>田早稻生。一畦抽欲活，十畝<u>入無聲</u>。

（二）用韻

鄉試、會試詩用五言八韻（16句），童試用五言六韻（12句）。限用官韻，平聲韻腳，不能出韻。所用的句式全是仄起格，也就是第一句開頭兩個字用仄聲，第二句開頭兩字用平聲，如此首句就不會押韻，成為整整齊齊兩句一韻形式。翁昱旭《試律須知》云：「小試功令限六韻，若起句用韻，則成七韻矣。春、秋闈限八韻，若起句用韻，則成九韻矣。往往場屋以此為違式，被黜豈不冤乎？」

本詩是抽取題目「聲」字為韻，屬下平八庚韻，因是題目其中一字，需要點題，所以一定在首兩聯出現韻腳「聲」字。

〈賦得流水無聲入稻田〉　（得<u>聲</u>字五言八韻）
澗水長流急，江田早稻<u>生</u>。一畦抽欲活，十畝入無<u>聲</u>。
碧毯舒新漲，紅蓮映晚<u>晴</u>。齊齊催雨綠，汩汩逐波<u>輕</u>。
香襲柴門近，光涵麥隴<u>清</u>。登場占吉兆，倚樹寄閒<u>情</u>。
花逕通彌暗，秧塍浸恰<u>平</u>。倉箱豐盛世，蔀屋慶西<u>成</u>。

（三）平仄

在鄉試、會試中，士子除了要知道律詩的基本寫法，所寫之詩要依照律句的平仄，講究粘對，不可重字，否則就是失黏出律，甚至會受到處分，又要注意試律詩中不許有拗字，也就是說試律詩中不存在律詩拗體的情況，只容許律詩正格的存在。下面就在各聯底下標明該字平仄（第五、七聯首字「香」、「花」用平聲字仍合律，屬於「一三五不論」）：

澗水長流急，江田早稻生。一畦抽欲活，十畝入無聲。
仄仄平平仄　平平仄仄平　平平平仄仄　仄仄仄平平
碧毯舒新漲，紅蓮映晚晴。齊齊催雨綠，汨汨逐波輕。
仄仄平平仄　平平仄仄平　平平平仄仄　仄仄仄平平
香襲柴門近，光涵麥隴清。登場占吉兆，倚樹寄閒情。
平仄平平仄　平平仄仄平　平平平仄仄　仄仄仄平平
花逕通彌暗，秧塍浸恰平。倉箱豐盛世，蔀屋慶西成。
平仄平平仄　平平仄仄平　平平平仄仄　仄仄仄平平

（四）內容結構

試律詩內容極有講究，正如商衍鎏《清代科舉考試述錄及有關著作》所云：「試帖詩則拘牽聲韻、限制束縛，語要莊重風雅，不可氾濫離題，其艷語談情，詞字輕佻，里巷憂愁，諷刺時政，皆所禁忌。」舉凡用字遣詞、命意謀篇等等，都有所宜忌，不容輕忽。

試律詩又該如何寫得好？陳志揚〈論清代試帖詩〉指出當時詩壇流行兩種主張，對推動試律的發展有重要意義。一是「試帖詩當以時文法為之」；二是「必工諸體詩而後可以工試帖」。由於試律與八股文具有命題作文的相似性，當試律進入科場後，八股文法起承轉合的思維，很快便推廣至試律的創作。因此如金雨叔云：「君等勿以詩為異物也。其起承轉合、反正淺深，一切用意布局之法，真與時文無異，特面貌各別耳。」葉葆云：「初學習文，其於破題、承題、前比、中比、後比、結題等法講之久矣，今仍以文法解詩理自易明。」這包括前於「題目」引翁昱旭云：「無論六韻八韻，首聯皆名『破題』。」都是相同理念。

　　其次如紀昀要求試律應達到更高藝術審美境界：「（試律）氣不煉，則雕鏤工麗僅為土偶之衣冠；神不煉，則意言並盡，興象不遠，雖不失尺寸，猶凡筆也。大抵始於有法，而終於以無法為法；始於用巧，而終於以不巧為巧。」王芑孫云：「予聞講試帖者皆謂與他詩異，能試帖不必兼能他詩。予以為與他詩同，且必他詩悉工而後試帖可工，必有韓杜百韻之風力，而後有沈宋八韻之精能。」

　　平心而論，時文作法融入試律，對於應舉士子是最迅速方便的途徑，「必工諸體詩而後可以工試帖」，只是強調試律詩不易寫作，並為了抬高其詩壇地位，提升其藝術境界而已，二者並非不相容。梁章鉅尊稱紀昀「文達師」，但其《制義叢話》說：「今之作八韻試律者，必以八股文之法行之。且今之工於奏疏及長於作官牘文書，亦未有不從八股格法來，而能

文從字順，各識其職者。」《退庵隨筆》又云：「凡作詩不可有時文氣；惟試帖詩當以時文法為之。」顯見兩種理論可以兼顧，不相牴觸。

　　試律與八股的關係，周作人《瓜豆集·關於試帖》提及他個人的發現，也可備一說：「民國二十一年在輔仁大學講演中國新文學的源流，我曾說過這幾句話：『和八股文相連的有試帖詩。古代的律詩本只八句，共四韻，後來加多為六韻，更後成為八韻。在清朝，考試的人都用八股文的方法去作詩，於是律詩完全八股化而成為所謂試帖。』這所說的與上文大同小異，但有一點不徹底的地方，便是尚未明白試帖是八股的祖宗，在時間上不免略有錯誤。我又說這些應試詩文與中國戲劇有關係，民間的對聯、謎語與詩鐘也都與試帖相關，這卻可以算是我的發現，未經前人指出。」

　　正如文章有起、承、轉、合，葉葆《應試詩法淺說·篇法淺說》」針對童試六韻詩如此說：「六韻詩，首二句是破題，須將題字醒出，方見眉目，切忌曚混浮泛。第二韻是承題，接上韻說清，只取明白曉暢，且勿著力。第三韻是前比，須虛虛引入，寧淺勿深。第四韻是中比，須要靠題詮發，著力鍊句，不可單薄寬泛。第五韻是後比，找足餘意。末二句是結穴，收住全題。蓋出淺入深，由虛入實，原係一定層次，一樣布置，若不知篇法，未有不失之凌亂倒置者。」至於八韻排律若附合八股結構，則首聯「破題」，次聯「承題」，三聯「起股」，四、五聯「中股」，六、七聯「後股」，結聯「束股」。以下據張元奇此詩作為範例：

1. 澗水長流急，江田早稻生。（破題）
2. 一畦抽欲活，十畝入無聲。（承題）
3. 碧毯舒新漲，紅蓮映晚晴。（起股）
4. 齊齊催雨綠，汩汩逐波輕。
5. 香襲柴門近，光涵麥隴清。（中股）
6. 登場占吉兆，倚樹寄閒情。
7. 花逕通彌暗，秧塍浸恰平。（後股）
8. 倉箱豐盛世，蔀屋慶西成。（束股）

（五）頌聖、避諱、抬寫

　　試律詩最好能不著痕跡技巧性歌頌皇帝功德，就是頌聖，而頌揚聖上就要注意抬寫。葉葆《應試詩法淺說》對於抬寫有講述單抬、雙抬、三抬的區別：「詩策內有應抬寫字樣，鄉場例有明示，而小試則無，若非素日講貫，難免錯誤。其應抬寫之字甚夥，不能枚舉。大約詩中常用如上苑、華林，係皇上園林者，紫禁、彤廷、鳳闕，係皇上宮廷者等類字樣，皆應一抬；若睿慮、皇恩、帝澤係實貼皇上說者，應兩抬，即聖朝、盛世，亦應兩抬；至於天、廟、祖等樣字，則用三抬出格。寫唐人應制詩如係應制，則『制』字亦應兩抬，如係御制詩題則寫恭賦，一首多至數抬。若應試詩，可一抬，亦可兩抬，不必過多。總之，無兩抬字樣，則單抬作兩抬亦可，不謂違式。而兩抬字樣必不許作單抬，應三抬字樣必不許作兩抬，此場屋中宜留心者。」

　　再者，避諱有避家諱（私諱）、國諱（君諱）、聖人諱。

滿清以外族入主中原，到康熙才開始講究避諱，雍正、乾隆朝避諱相當嚴格，甚至還興起文字獄，殺戮多人，因此「御名無不避之理」，考生當然不得犯諱。

此首〈賦得流水無聲入稻田〉描寫稻田得到流水滋潤，抽長非常快，「登場占吉兆」指可以預期稻穀因為長得好，收割運到曬穀場上翻曬或碾軋出的米糧非常多，張元奇出身農家，在考場遇到如此切合生活情境的詩題真是幸運；而他寫起來也非常討喜，「登場占吉兆」正好照應最末聯的大豐收。又當流水緩緩而來，潤物無聲，也可以暗喻皇恩浩蕩，霑溉萬民，百姓在不知不覺中樂享太平，但這還不是顯著頌聖，直至最末一聯「倉箱豐盛世，蔀屋慶西成。」形容稻穀豐收到滿穀倉滿車箱，稻稈多到足以拿來編成新房的屋頂，覆蓋整座新房子。「蔀屋」是以草覆蓋屋頂；「西成」是秋天莊稼已熟，農事告成；「倉箱」原是周成王見禾穀稅收之多，求千倉萬箱來存納的典故，《詩・小雅・甫田》：「乃求千斯倉，乃求萬斯箱。」鄭玄箋：「成王見禾穀之稅，委積之多，於是求千倉以處之，萬車以載之。是言年豐收入逾前也。」以周朝比擬清代，出現「盛世」一詞，正如葉葆所說應抬寫兩格，所以他的試卷正是這樣寫，完全符合頌聖的格式（請參閱會試卷，原詩文無新式標點）：

　　香襲柴門近，光涵麥隴清。登場占吉兆，倚樹寄閒情。
　　花逕通彌暗，秧塍浸恰平。倉箱豐
盛世，蔀屋慶西成。

以上說明張元奇一等第一名複試卷,可惜仍少了一點歷史臨場感,無法清楚知悉考試現場實況。清末民初商衍鎏是光緒三十年(1904)甲辰科最後一次恩科探花,在他的著作《清代科舉考試述錄及有關著作》寫下親自參與應試的過程,與以往不同的是試卷不再以朱筆謄寫,直接以墨卷彌封評定,也少了起草稿紙,會試三場是在河南闈場舉辦,其餘過程大致和先前相同。今摘錄於下,以供了解並結束本文:

此為光緒三十年甲辰科會試墨卷。是時已廢謄錄,遂無朱卷,三場卷直接送試官閱,皆士子親筆用墨所寫者,因廢起草紙,所以前空白紙僅留二頁。三場試卷皆八頁。每頁二十行,每行二十五字,用紅線界橫直格。卷面正中蓋第幾場,下蓋知貢舉之關防(字為漢滿合璧)。左右兩邊,由士子親筆填寫姓名、籍貫、某科某省鄉試舉人、曾祖、祖、父三代之名。正中關防下蓋入場號舍數目字之戳,是為彌封前之卷面。……是科借闈河南,故所派場官多為河南之道、府、州、縣。以前會試在北京,則所派者皆京官。

……雍、乾時,常有複試貢士之舉,唯無定例,至嘉慶初乃著為令。貢士發榜數日後,舉行複試,地址向在乾清宮,嘉慶六年後改於保和殿,道光二十四年駐園,曾在圓明園正大光明殿,三十年還宮,仍在保和殿,咸豐以後皆在保和殿,自是相沿不改。是日黎明,新貢士服常朝服,由東華門入至中左門,於點名處領卷

赴保和殿考試。試卷印紅線直格,每頁十二行,每行二十字,紙薄易寫,書要工楷。題目前為四書文、五言八韻詩一,每名給官韻一本。廢八股後改為經義一篇、論一篇。即日交卷,派王大臣監場收卷,派御史稽查彌封,翌日派閱卷大臣在內評定,分篇一、二、三等,列等者准其殿試。

……余於光緒三十年甲辰科應殿試,當日於卯初刻(晨五時),服常朝服,入東華門至中左門,候點名領卷,送場者至此為止。殿廷所備試桌,式如炕几,高僅尺許,趺坐盤膝以事寫作,試士素非所習。於是多自攜考桌,其制用光面細布薄板,以鐵條為活四柱,納於板背,折疊成片,支起扣於套環之內,即為一桌,較內廷所備者稍高;以藤筐盛布箱,貯考具、應用之物,其筐即為坐椅,領卷後背負以入;從前校尉代攜之制,已成虛文。

入殿隨意擇坐,但殿宇深嚴,先至者多據前排,後排陰暗,不能辨字,後至者多遷於殿前廊下,然偶遇風雨,則飄灑堪虞。從前禮部同鑾儀衛督率校尉,於前一日在試桌上黏貼各貢士名簽,按簽入座,此制不知何時停廢。

策題頒下約在辰刻,由禮部官散給每人一張,在中和殿階下跪接,入保和殿就座策對,殿上均黃絨地衣,下襯以棕薦篾席,御座正中丹陛三層,加以五彩蟠龍地衣。禁止吸煙。例賜宮餅一包,即唐代紅綾餅之意。殿

前南院備有茶水，試士不禁出入，隨時可向飲用，自備乾糧以充饑。

入試情形之可記者，大略如此。

《知稼軒詩》概說

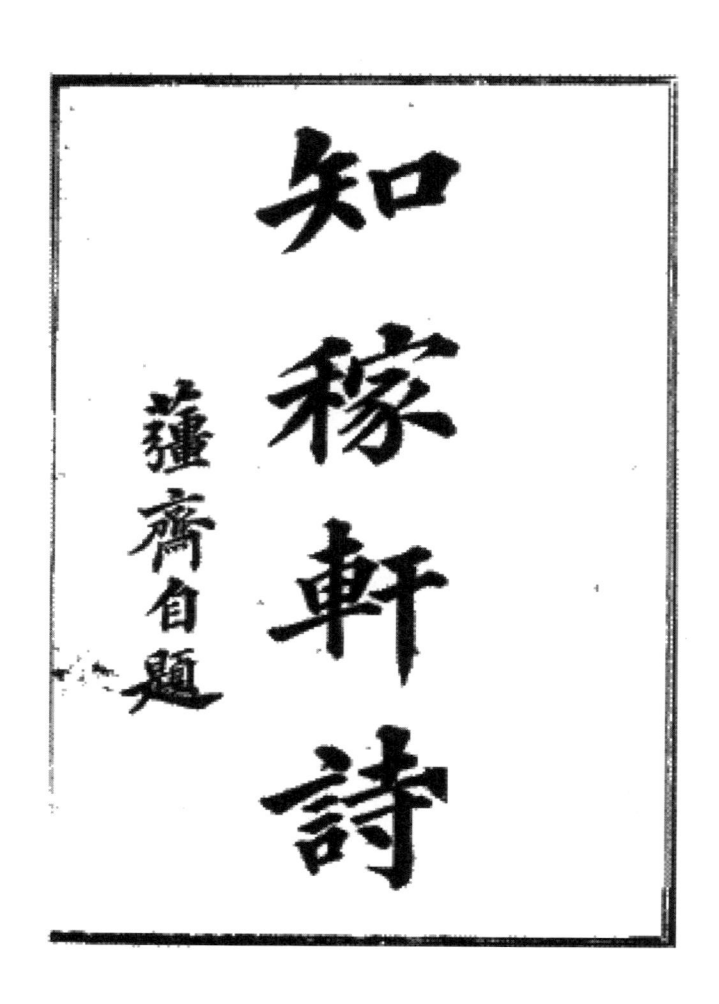

《知稼軒詩》概說

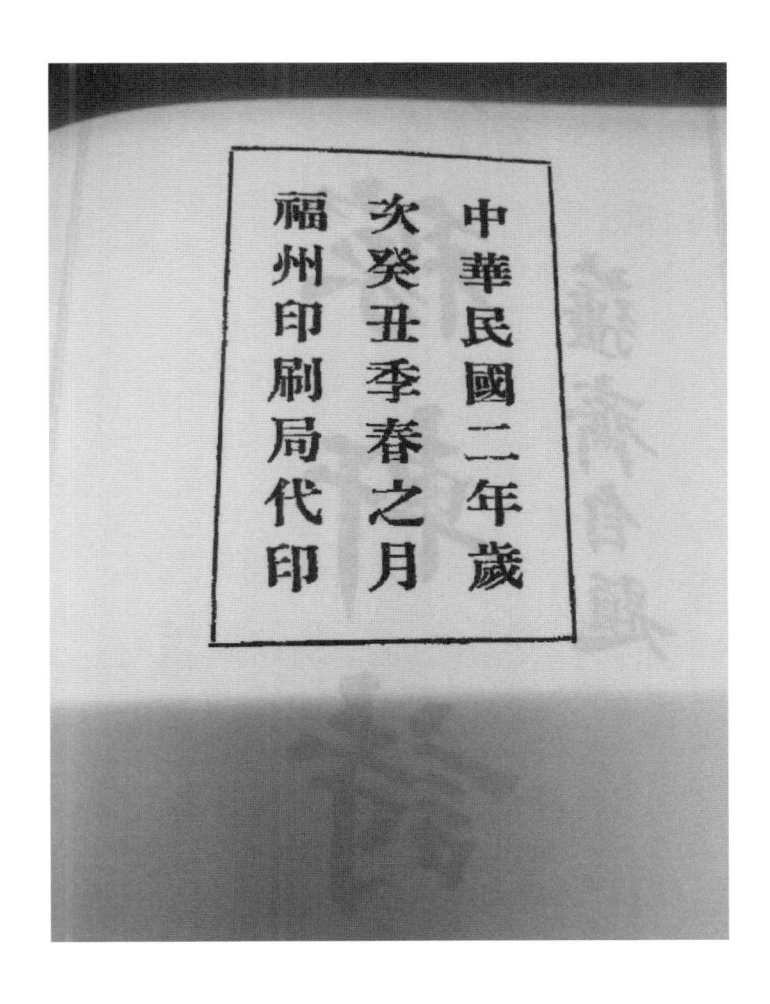

中華民國二年歲
次癸丑季春之月
福州印刷局代印

知稼軒詩續刻

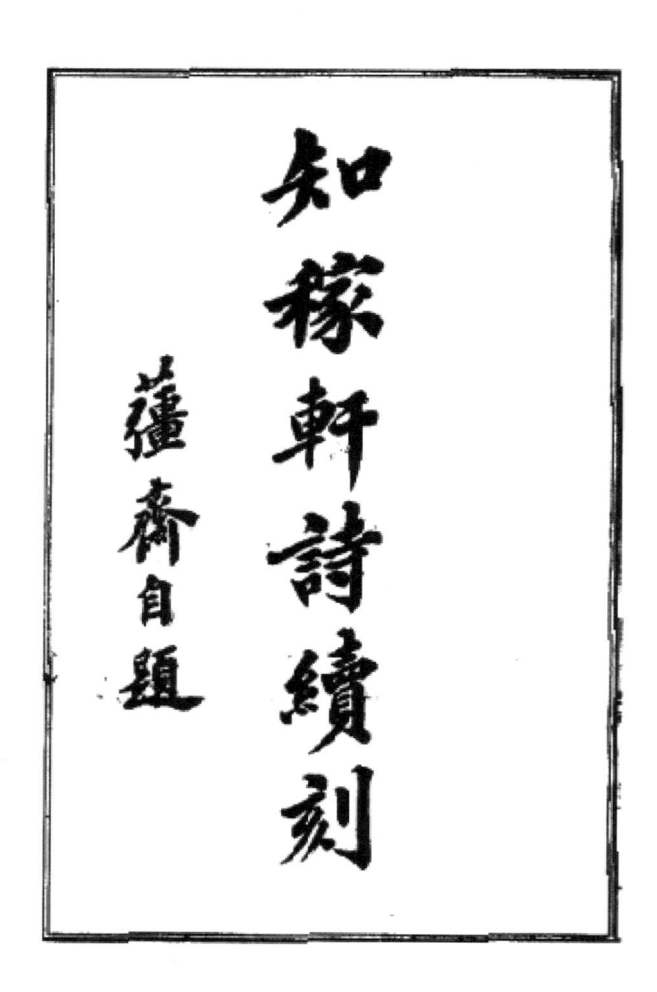

薑齋自題

中華民國七年歲
次戊午季冬之月
京華印書局代印

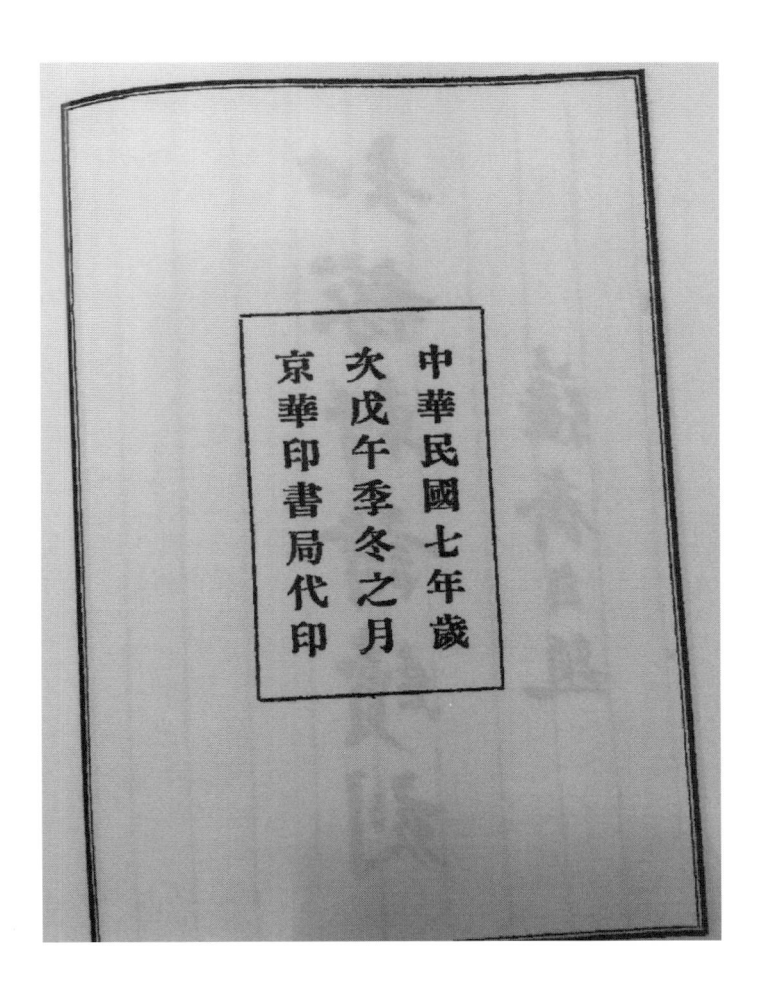

敍

　　君常既刊其詩，數年復裒後所得者，總而刊之。問敍於蘇堪，蘇堪請以屬余。余適自都歸里，過蘇堪海上，蘇堪語余：「君常又督促甚亟。」乃言曰：

　　「君常文字皆學蘇者也。長公之詩，自南宋風行，靡然於金，元、明中熄，清而復熾，二百餘年中，大人先生殆無不擩染及之者。大略才富者，喜其排奡；趣博者，領其興會；即學焉不至，亦盤硬而不入於生澀，流走而不落於淺俗。視從事香山、山谷、后山者，受病較尠，故為之者眾。張廣雅論詩，揚蘇斥黃，略謂黃吐語多槎牙，無平直，三反難曉，讀之梗胸臆，如佩玉瓊琚，舍車而行荊棘；又如佳茶，可啜而不可食。子瞻與齊名，則坦蕩殊雕飾，受黨禍為枉，亦可見大人先生之性情，樂廣博而惡艱深，於山谷且然，況於東野、后山之倫乎[1]！

　　吾鄉人之常為詩者，余識葉損軒最先，次蘇堪，次弢庵，又次乃君常。而君常所常與為詩者，弢庵與余外，則有葉肖韓、陳徵宇。之數子者，身世皆略如其詩。損軒少喜樊榭，繼

---

[1] 「張廣雅」即著有《廣雅堂集》的張之洞。陳衍《石遺室詩話》卷十一亦云：「廣雅相國見詩體稍近僻澀者，則歸諸西江派，實不十分當意者也。……其〈摩圍閣〉詩有云：『黃詩多槎牙，吐語無平直。三反信難曉，讀之鯁胸臆。如佩玉瓊琚，舍車行荊棘。又如佳茶荈，可啜不可食。子瞻與齊名，坦蕩殊雕飾。枉受黨人禍，無通但有塞。差幸身後昌，德壽摹妙墨』云云。故余近敍友人詩（案：即指為張元奇作序），言大人先生之性情，喜廣易而惡艱深，於山谷且然，況於東野、後山之倫乎！」這也是序文期許張元奇詩尚坦蕩，勿過求為幽夐的旨意。

為後村、放翁、誠齋，蠖屈微官以終，差相似矣。蘇堪原本大謝，浸淫柳州，參以東野、荊公，余嘗謂達官而足山林氣者，莫如荊公，大謝、柳州，抑無論矣。弢庵意在學韓，實似荊公，於韓專學清雋一路。肖韓、徵宇則雅學后山。獨君常才筆馳騖自喜，中年以後，時時歛就幽夐，然終與坡公為近，其閒有憂愁牢落，託於莊騷之旨者，亦坡公之憂愁牢落也。近作清迥益上，遂足以感召憂患，中夜徬徨良久而乃釋。君之於詩，亦尚為張廣雅所謂『坦蕩』者，勿過求為幽夐哉！」

癸丑穀雨節，陳衍

《知稼軒詩·序》

丁未由湘度遼，因索閱詩稿者眾，先將《蘭臺》、《洞庭》、《遼東》三集付印，以餉同好。壬子南歸，益以《遼東續集》、《津門集》，並前官翰林時刪存數十首，重付手民。丙戌以前少作，可存者尟，盡從割愛，此後如能抽身引退，當求吾所好，以詩人終矣。

中華民國二年三月望後，侯官張元奇自序于福建行政公署
（中華民國二年歲次癸丑季春之月，福州印刷局代印）

《知稼軒詩續刻·序》

自癸丑三月刊余詩於福州，忽忽復六年矣。此六年中，得詩只二百數十首，曰《南歸集》，曰《孟莊集》，曰《試院唱

酬集》，曰《遼東後集》，曰《榆園集》。丙辰、丁巳、戊午罷官居都下，往來津沽，有山水之游、友朋之樂，詩亦較他集為多，歲晚無事，鈔錄付印，以繼前志。明年余六十矣！人壽幾何，不知終吾身，尚有若干詩？元遺山謂：「老來留得詩千首，卻被何人較短長。」尚有短長之見存，余則但求多作詩耳。

戊午冬至元奇識于京寓榆園
（中華民國七年歲次戊午季冬之月，京華印書局代印）

《知稼軒詩》概說

林伯謙

一、關於詩集與詩風

《知稼軒詩》是張元奇親自按寫作先後，分卷編排而成的詩集。以「知稼軒」為名，乍看之下，或以為張元奇是南宋愛國詞人辛棄疾（1140-1207）的異代知音，所以才如此命名。辛棄疾字幼安，號稼軒，以稼軒為號的緣由，在洪邁（1123-1202）替他寫的〈稼軒記〉有提及。辛棄疾買地在武林（杭州）城北，蓋了屋宇百楹，僅占地十分之四，於是把偏左邊的荒地闢為農田，栽植水稻，綿延了十支箭程之遠，打算他日退職歸來，要在這裡耕作，又建屋於高地上，可向下俯瞰，屋室取名為「稼軒」……。

讓讀者從詩集名稱聯想起古代大家，確實有文學移情之美，但比起辛棄疾，張元奇受蘇軾（1037-1101）的影響更大；何況與辛棄疾同時代的福建莆田詩人黃公度（1109-1156），他的著作名為《知稼翁集》，與《知稼軒詩》名稱近似，張元奇雖與他同為鄉親，也未必都取法他；清代如雍正進士王泰甡（1682-1748，江西人）有《知稼軒詩》九卷、道光優貢生黃子高（1794-1839，廣東人）也有《知稼軒詩鈔》一卷，張元奇詩集皆和他們同名，豈有可能那麼多詩人都是辛棄疾異代知音？由此可大致推斷張元奇詩集名與辛棄疾沒有直接關係。張元奇應是出身農村，懂得耕作，重視農務，才將著作取名

「知稼軒」;「知稼軒」如同辛棄疾的「稼軒」,也用以稱呼自家宅邸,〈榆園十首〉之九即說:

> 疇昔度此地,滿眼長蓬蒿。我來與謀始,奮鍤不辭勞。
> 闢為知稼軒,佳處時一遭。北窗許高臥,得詩思和陶。

由詩中可知「榆園」即是「知稼軒」,「軒」可指門窗、屋簷,也可以指小屋;當然「榆園」應不至於太小,這是謙稱。張元奇初來此處,還是蓬蒿滿眼,經過一番謀劃興修才闢成家園,他想效法陶淵明北窗高臥,並寫作和陶詩歌。陶淵明隱逸躬耕,天性真淳,〈讀山海經十三首〉之一云:「孟夏草木長,遶屋樹扶疏。眾鳥欣有託,吾亦愛吾廬。既耕亦已種,時還讀我書。」張元奇必然神往這般耕讀生活;而蘇軾和陶詩也達百餘首,張元奇在此就有類似蘇軾之處。張元奇寫給同鄉好友陳衍(號石遺,1856-1937)的詩,說自己是會城(福建省城,即福州)西鄉人,先輩世代務農,多不識字:「邑乘昔詳厚美堰,以名吾里安耕犁。世世為農隔城市,不多識字完天倪。」他向友人林紓索畫,〈疊前韻寄畏廬乞畫〉也說:「數頃河田吾欲老,請君為寫稻孫樓。」又〈買舟至小還槽量地,遇雨不果,復偕贊虞前輩,蓮峰、景溪、清如諸君,由軍糧城乘汽車回津〉這首長詩開頭亦云:「老至思學農,懸的償宿願。鹵田值惟廉,聊以成嘉遯。」另於寄回家鄉的信中亦言:「每思退歸故里,與伯叔兄弟侄共樂農畝也。」故知這才是真正詩集名稱來由。

張元奇與陳衍相交多年,陳衍《石遺室詩話》卷五說張元奇出守岳州,他剛好在湖北武昌,聯繫便利,所以兩人常有詩書往來酬答;他還把宋代黃山谷論陳師道、秦觀的名句「閉門覓句陳無己,對客揮毫秦少游」,移到葉在琦(1866-1906,字肖韓,福建閩縣人。)與張元奇兩人身上:「余交張珍午元奇民政十餘年,癸卯(1903,光緒29年)都門別後,余仍客武昌,君出守岳州,與武昌一江上下,郵筒隔宿可至,至必有詩若書。」「葉肖韓侍御在琦與珍午齊名,而珍午則對客揮毫,肖韓則閉門索句。」這一方面說明了彼此好交情,一方面也稱述張元奇的快筆瀟灑。

陳衍的六姊陳仲容,是沈葆楨(1820-1879)長子沈瑋慶繼配,而沈瑋慶元配次子沈黻清之女沈佩薇是張元奇長子張用謙妻子;元配長子沈翊清的孫女沈摩訶又是張元奇長孫張翰才的妻子,所以算來陳張兩人不只同鄉,也有姻親之誼。

陳衍為張元奇詩集寫序,他論述北宋文豪蘇軾(1037-1101)對清代詩壇的影響極深廣:「(蘇)長公之詩,自南宋風行,靡然於金,元明中熄,清而復熾,二百餘年中,大人先生殆無不擩(濡)染及之者。」同時他也評論張元奇詩歌得之東坡:

> 君常文字皆學蘇者也……。君常才筆馳騖自喜,中年以後,時時歛就幽夐,然終與坡公為近,其間有憂愁牢落,託於莊騷之旨者,亦坡公之憂愁牢落也。

福建同光體詩派繼承宋詩的聲勢浩大，陳衍是同光體重要人物，其《石遺室詩話》就在品評閩地詩人的過程中，將同光體詩派的影響擴大；而張元奇學蘇，不僅陳衍提及，郭曾炘《匏廬詩存・薑齊今歲六十，見示知稼軒續刻詩，奉題長詩為祝》也說：「君詩瓣香在玉局」，因蘇軾曾任玉局觀提舉，後人遂以「玉局」稱蘇軾。又像陳寶琛、袁祖光都持相同看法；呂本中《童蒙詩訓》云：「自古以來，語文章之妙，廣被眾體，出奇無窮者，唯東坡一人。」蘇軾情感豪邁奔放，胸襟開朗灑脫，搦管操翰，臧否時政，純然表達心之所感。他個性真率曠達，豪放不羈，作品常流露莊諧並濟，逸趣橫生的智慧；他思緒敏銳，理念透徹，行動勇敢，不為本身利益而改節，也不因俗見喧囂而動念。他是文學革新運動的代表，學通多方，詩文兼美，創作不受成規束縛，能以駢入散、以文入詩、以詩入詞，造語靈活翻新，盡古今之變，故成為詩、文、詞、賦、書論等文學藝術成就佼佼者。其中廣獲世人推崇，富有理趣的「東坡體」，最擅「以議論才學為詩」，這在張元奇詩作也妙肖得見。

才華洋溢的蘇軾，因坎坷仕途走遍天南海北。當貶謫海南，再逢赦還，曾豁達說過：「九死南荒吾不恨，茲遊奇絕冠平生。」在〈自題金山畫像〉更寫下撫今追昔，概括一生的詩句：「心似已灰之木，身如不繫之舟。問汝平生功業，黃州惠州儋州。」羈旅漂泊沒有擊倒他，他以久慣世路的曠達來取代人生失意憂傷，他認為自己一生的功業，不在朝廷中央，而恰恰在被貶謫的三州，充分展現對生命的理悟，不減其豪放本

色。張元奇深得蘇詩理趣，以文為詩、議論為詩、才學為詩的傾向明顯，詩歌敘事性突出，用詩記事更豐富深刻地抒寫現實生活和人生哲理，淺白的說就是「以詩寫日記」。他跟蘇軾一樣無時無地不能詩；尤其來自南方偏鄉，無身家背景，靠個人努力，學優而仕，和蘇軾「宦遊直送江入海」同樣萬里寄蹤，他「南游吳越北燕齊」，北至東北，南抵台灣，都留下個人詩篇印跡。他喜愛寫詩，〈知稼軒詩序〉就曾說：「如能抽身引退，當求吾所好，以詩人終矣。」他的詩歌長於敘事，小從家中花木，大至國家要務，皆信手拈來，縱橫馳騁，無一不可入詩，正是他詩風最大特色。

二、《知稼軒詩》的版本

張元奇詩集有三卷、六卷、十一卷三種版本傳世，都是他親手編纂刊行；2022年清華大學出版《張元奇集》，內收十一卷《知稼軒詩》新點校本，是目前最新、最便閱讀的版本：

（一）三卷本《知稼軒詩稿》

張元奇三卷詩歌依《遼東集》、《洞庭集》、《蘭臺集》的次序，鉛字排印刊行，今收入文听閣圖書公司出版《晚清四部叢刊》第7編第117冊。其實這樣排列的時間序剛好相反，因《遼東集》寫作時間最晚。《知稼軒詩・序》有云：

> 丁未由湘度遼，因索閱詩稿者眾，先將《蘭臺》、《洞庭》、《遼東》三集付印，以餉同好。

丁未是光緒33年（1907），他由湖南調往奉天（遼寧），是從人生低谷，展開人生新旅程的一年。序文說「索閱詩稿者眾」，應該也是他來到新環境，以詩為贈，會友輔仁，藉以廣結人緣，讓人對他更加熟悉，到了最後《遼東集》積累達一定數量，再將三集合併付印。

　　《蘭臺集》收錄作品始於光緒29年（1903）二月至光緒31年（1905）九月。張元奇此時在御史任上。「蘭臺」本為漢代宮廷藏書之所，由御史中丞掌管，故以此代稱御史臺；而御史所居官署也稱為蘭臺。此時多酬唱及憶念之作，例如追念曾擔任他進士會試大總裁、朝考閱卷大臣的座主祁世長，寫下〈祁文恪師故宅，今為商部工藝局，與余居接衡宇，林木蒼蔚，相對輒愴然也〉，祁世長愛才，招他成為鄰居，只是恩師已故去，祁家在庚子事變時，南奔依親，宅邸被併為商部工藝局，張元奇望之愴然，而猶仍緬懷文恪公高風。詩中「世無馬糞王，人識通德鄭。」是以六朝居於馬糞巷的王家、經學大師鄭玄後人取通德堂為堂號，兩則典故寫成對偶句。祁家是書香門第，簪纓縉紳，祁世長尊翁祁寯藻曾任兵部尚書、軍機大臣、體仁閣大學士，諡號「文端」；只是先人離世，祁家已如六朝王家沒落了，但其經術仍如鄭玄一般留下典範，令人景仰。

　　另如〈劉益齋同年癸卯典試閩中，瀕行索詩，余戲以鼇峯院多高材生，如能舉以弁首，當賦詩相賀。榜發，則前兩名皆余主講時所最賞拔者，為之狂喜。因循年月，益齋責逋益急，賦此以踐宿諾，並志佳話〉，敘述與他同榜登科的劉益齋

於光緒29年至福建典試，臨行要求張元奇以詩為贈，張元奇曾在鼇峰書院主講，作育菁莪，因此戲稱若書院高材生舉為榜首便賦詩相賀。其後揭榜，果真書院學生在前兩名，劉益齋不停追索，張元奇遷延了一些時日，終於兌現承諾，贈詩記錄此段佳話。

《洞庭集》起於光緒32年（1906）二月至光緒33年（1907）六月，因被貶湖南，洞庭是此地最廣闊的湖泊，故以此名。陳衍《石遺室詩話》評其此時詩風：「詩筆皆壯於發端，而千憂百悲，中間時時流露。」王賡《今傳是樓詩話》第114條頗為其被貶不平，並錄下〈留別老牆根舊宅〉大加稱許：

> 薑齋官諫垣時，疏劾親貴，頗有直聲，出守巴陵，時論所惜。君有〈留別老牆根舊宅〉詩云：「生世如短檠，特留牆角跡。去住亦偶然，胡為意不懌。城西類野處，地闊無巷陌。花市接街頭，山翠當門額。五更過駝群，鈴連響數百。任嘲墟墓鄰，勝傍王侯宅。庭中固多樹，藤花尤奕奕。只慚灌溉疏，生枯不自惜。天複欲徙之，沅湘縱倦翮。明朝彰德府，後日信陽驛。洞庭八百里，蕩胸豈云窄。持此畀良友，中有吾詩魄。」自注：「穉愔將入都，仍居此屋。」穉愔乃葉肖韓在琦別號，亦閩中詩人也。「城西」以下各語，寫老牆根景物殊肖，凡久居宣武城南者，殆無不知其詩之工也。

《遼東集》起於光緒33年（1907）六月至光緒34年（1908）

九月，因此《知稼軒詩稿》最快也應在34年底出版，但或許因光緒、慈禧在十月駕崩，基於國喪諸事不宜，而將詩稿出版時間寫成了前一年。「遼東」為奉天古稱，張元奇於六月抵達，先任錦州知府，12月25日起，轉任奉天民政司使。汪辟疆《光宣詩壇點將錄》稱讚其詩歌：

> 珍午以疆吏而能詩，《遼東》一集，已具骨幹，入都返閩後，風骨益高，至自刻《知稼軒詩》，居然作手矣。

張元奇此期的詩作，也多在《盛京時報》發表。《盛京時報・文苑》自宣統二年二月二十七，連續刊登張元奇的《遼東集》詩歌，一直到五月初九，共發表63首。《遼東集》寫遼東風光與人事，雄豪壯闊，他的僚屬郭進修在他虛歲五十壽辰時撰寫〈張貞午司使五袠大慶同官獻壽詩序〉，刊登於宣統元年三月初六的《盛京時報》，對其創作有如下評價：

> 公天姿敏贍，驛程舍館，所至留題，度遼以後，詩尤為淋漓悲壯，論者謂出語多感慨，與公名位遭際不符，知公悲憫之懷發於天性，傷時局之艱危，哀民生之憔悴，偶一吟哦，蒿目隱憂，殷闐輻輳，時流露不自知。此公之文章也。

(二) 六卷本《知稼軒詩》

《知稼軒詩・序》有云：

> 壬子南歸，益以《遼東續集》、《津門集》，並前官翰林時刪存數十首，重付手民。丙戌以前少作，可存者尠，盡從割愛。

壬子是民國元年（1912）。張元奇當時回到福建擔任省長，將《遼東續集》、《津門集》、《翰林集》，連同三卷《知稼軒詩稿》合輯成六卷《知稼軒詩》。

《翰林集》 起於光緒12年（1886）至光緒28年（1902），收錄時間頗長，名曰「翰林」，實不僅於翰林院庶吉士、編修時詩作，也包含監察御史時期作品，但已刪成五六十首而已。光緒12年（丙戌）他中進士，此前所作，他認為保存價值少，所以完全割愛。詩集留下他遊歷臺灣的篇章，還有像〈月洲〉，詩中記錄張氏先輩避亂，選擇陡險的月洲居住，這是遷徙至侯官的中繼站。自註月洲「在永福縣北山。」「山深兵燹絕」，一幅世外桃源景象。福建永福縣原名永泰縣，因避宋哲宗永泰陵諱而改名；民國3年，為免與廣西省永福縣重名，才恢復永泰縣名。

《遼東續集》 起於光緒34年（1908）十二月至宣統3年（1911）。光緒三十三年四月，東三省總督徐世昌奏准設立奉天民政司，掌全省民治、巡警、緝捕等事務。本集正是張元奇轉任民政司使的作品，處處可見他到各處奔走的身影。郭進修〈張貞午司使五袠大慶同官獻壽詩序〉有談及他的政績：

> 公之為民政司使也，日不暇給，以考察屬吏之故，終歲

奔走道途，所至絕供張，屏騶從，躬親演說，與官民相見以誠，東省吏治駸駸有起色也以此。

《津門集》起於民國元年（1912）正月至十月。明成祖永樂二年（1404）築天津城，因地處國都門戶，故名「津門」。張元奇此時退職先在天津另覓新居，因北京多生動盪。第一首詩〈連夕京城兵變，與弢丈、默園相對枯坐，倦極而臥，若不知焚掠之將及也。事過感賦〉，對應史實，應是發生於1912年2月29日，北洋軍曹錕下屬部隊兵變，史稱「壬子兵變」，兵變有蔓延保定、天津之勢，也稱「京保津兵變」，因此在租界區會比較安全。詩集有〈津門新居樹下瞑坐〉、〈弢庵丈來津，留宿寓齋，回京有贈，次均奉詶〉諸詩，並於小還槽購地，有準備終老之想，但實際沒住多久便南下福建任民政長。

（三）十一卷本《知稼軒詩》

張元奇六卷《知稼軒詩》，加上五卷《知稼軒詩續刻》，也就是目前所見完整的《知稼軒詩》十一卷。現收於文听閣圖書出版《民國詩集叢刊》第1編第33冊。《知稼軒詩續刻・序》云：

> 自癸丑三月刊余詩於福州，忽忽復六年矣。此六年中，得詩只二百數十首，曰《南歸集》，曰《孟莊集》，曰《試院唱酬集》，曰《遼東後集》，曰《榆園集》。丙辰、丁巳、戊午罷官居都下，往來津沽，有山水之游、

《知稼軒詩》概說

友朋之樂,詩亦較他集為多,歲晚無事,鈔錄付印,以繼前志。

從民國2年刊詩至今,很迅速又過了六年,張元奇自行統計五卷《知稼軒詩續刻》有二百數十首,從數量上看,稱不上多產作家,但愛寫詩,期盼多作詩的心情,始終如一。

《南歸集》 起於民國元年(1912)十一月至民國2年(1913)四月。此時張元奇回福建任第一任省長,故稱「南歸」。由於初掌閩政不久,就遭炸彈暗殺,5月9日告假離閩回京,距1月9日到任僅四個月而已。此期詩題數在各集之中最少。

《孟莊集》 起於民國2年(1913)五月至民國3年(1914)八月。「孟莊」為天津宅邸,此集第一首詩即為〈津廬庭樹蔚然可愛感賦〉,所以與《津門集》居所應是同一處。之所以稱「孟莊」,是因有孟莊河流經。《遼東後集‧舊曆除日感賦》有云:「老妻戀故巢,昨亦歸孟莊。」卷十一《榆園集》與多位文友唱酬的詩〈連日風雪,雪霽入都,知弢庵、樊山、匏庵、熙民互有唱和,匏庵感念昔游,復用前韻索和,因次韻奉訓,並寄弢庵、樊山、熙民〉說:「津樓正瞰孟莊河,戢影勝居清穎尾。十日不出一事無,轉視王城如故里。」而且有〈孟莊河決,樓望感賦〉、〈水退歸孟莊〉等詩。〈水退歸孟莊〉云:「保全只一區,四望多慘狀。」自注:「西人築堤,只激租界之水外洩,堤外仍一片汪洋也。」可知天津住家的確在租界內。

《試院唱酬集》寫於民國3年（1914）八月。張元奇時任政事堂銓敘局局長，銓敘局掌理文官之任免、陞轉、資格審查、存記人員註冊開單、考試、勛績考核、恩給及撫卹、爵位勛章及榮典授予，以及外國勛章授領及佩帶等事項。他既承擔北洋政府考銓事務，於試畢，在闈內閱卷之餘，便與院長及同仁詩歌唱酬，其中倫字韻四度次韻，又有倒疊次韻奉和，可見闈內高人雲集。此時張元奇體力已不如以往，由〈眾異病起來詩，次韻奉和〉，可見他在闈內也生病了。

《遼東後集》起於民國3年（1914）九月至民國4年（1915）九月，張元奇再度出關，任奉天巡按使（省長）。評論者稱：「為政能持大體，不苛擾，官民皆稱頌之。」當時洪水漫溢，他寫下〈雨夜〉、〈霪雨兼旬，大凌河、柳河同時漫溢，遼西諸縣被災尤重，籌賑發帑，夜不成寐，賦此自責〉，憂國憂民，真摯感人；惟此時公務繁忙，「官書堆兩眼」，詩作不多，惟與張錫鑾將軍（1843-1922，字金波，又作金坡、金頗、今波、今頗）往還作品最多；仿擬古樂府也甚有特色，能反映底層民情。

《榆園集》起於民國4年（1914）九月至民國7年（1918）十二月。張元奇晚年居北京西斜街時作，「榆園」是用《莊子‧逍遙遊》蜩與學鳩笑鯤鵬：「我決起而飛搶榆枋」為宅邸名。《知稼軒詩續刻‧序》云：「丙辰、丁巳、戊午罷官居都下」，即民國5至7年在北京這段時期。此時因罷官，所以遊樂、詩作都比以前多，〈園坐〉詩云：「休官乞得園居樂，身在荷香竹籟間。」並注：「肅政廳已奉明令裁撤。」肅政廳是

民國5年6月裁撤,其實至民國7年8月他還有當選第二屆國會議員,不過此段閒居時間確實比較長,他也趁著空閒將詩集抄錄付印。

此十一卷《知稼軒詩》中的異體字特別多,如:决(決)、淨(淨)、氷(冰)、减(減)、彛(彝)、灾(災)、叜(叟)、嬾(懶)、墖(塔)、潛(潛)、呌(叫)、挂(掛)、捄(救)、欵(款)、恖(怨)、㪚(散)、辳(農)、藂(叢)、栖(棲)、蓺(藝)、莫(暮)、閒(間)、聢(聘)、畺(疆)、竝(並)、稺(稚)、覩(睹)、筞(策)、簮(簪)、籘(藤)、纎(纖)、虵(蛇)、軆(體)、軄(職)、遯(遁)、駈(驅)、髩(鬢)、韵(均、韻)、葊(菴、庵、盦)、裵裏(徘徊)。又「潁水」寫成「穎水」、「生壙」作「生礦」等等,還有〔巘〕〔孏〕,即是電腦有的巇、孏(懶);少數像〔䠪〕〔蝠〕〔醰〕則需要造字,這與郭曾炘撰寫張元奇墓誌銘類似,應是當時文人喜用生僻字詞風氣使然。另外像戍戌、束束、沬沫、棱梭、采采、佳佳、盲肓、已己巳,常分辨不清;而張元奇好友「稺愔」刊成「稺暗」、長孫「瀚才」寫成「潮才」(案:張慶先女士尊翁來臺,名諱為「張翰才」),則屬於形誤之字了。

三、《知稼軒詩》舉隅

張元奇才思敏銳,留下詩集十一卷,計有461詩題,但一

詩題可能有兩首以上詩歌，有的在詩題可見數量，如〈紀事十四首〉、〈題張今頗上將軍詩意圖絕句十二首〉、〈萬壽橋遇險幸免感賦三首〉、〈榆園十首〉、〈自笑二首〉等；也有未呈現於詩題的，如〈由臺南至臺北道中雜詩〉共八首、〈京漢鐵道車中雜詩〉共八首、〈榕城雜詩〉共八首、〈日本河西健次博士以所藏《文文山詩》索題〉有二首，因此粗估《知稼軒詩》約有五六百首之多。以下舉幾首詩略加解說。

〈由臺南至臺北道中雜詩〉

> 四月南風湧眼開，海潮拍岸吼如雷。竹簞載客隨潮去，桶底銀山看幾回①。
> ①俗謂四月八日開湧眼，輪舟抵安平口，舟人以竹簞縛木桶，載客登岸。

> 輪舶飛梭日不停，水程只隔六更零[2]。被人喚作唐山客，始覺身為海上萍①。

---

[2] 此詩首兩句是形容輪船飛快行駛沒有延誤，航程再過六更就將抵達臺灣，「更」不只是計時單位，也是航海計里程的單位。這並不是說從福建出發到臺南安平一日就到，乾隆時，有鳳山教諭朱仕玠《小琉球漫志》卷一，對於海峽兩岸水程如此說明：「按廈門至澎湖，船七更，是為大洋；澎湖至台灣，船五更，或云四更，是為小洋。樵書云：六十里為一更，又一日夜定為十更。定更之法，以焚香幾枝為度。船在大洋，風水有順逆、駕浪有疾遲，水程難辨。以木片從船首置海中，人自船首速行至尾，木片與人行齊至，則更數准。若人行至船尾木片未至，為不及更；或木片先人至，則為過更，均非更數也。澎湖至台灣約計二三百里。」朱仕玠個人是從廈門→澎湖→台南鹿耳門，澎湖到台南順風一日夜可至。全程差不多和康熙時期的郁永河來臺一樣，共一個月少2天。當然，此時代較早，與光緒年間仍有差異，據吳德功〈周莘仲廣文遭難

《知稼軒詩》概說

①臺人稱內地曰唐山。

鹿耳門開沸海波,一城斗大古諸羅。至今父老談遺事,猶說城頭殺賊多①。
①林爽文之亂,諸羅獨全,賜名嘉義。

大甲溪頭溪水黃,大甲溪邊溪草香。家家女兒試纖手,織得龍鬚幾尺長①。
①大甲草席,近溪者專其利。

短程曉日去悤悤,番社時聞出草工。一片玲瓏誰削得,玉山高插亂雲中①。
①生番謂殺人曰「出草」;玉山在番社中。

泥人日日醉紅裙,絃索蠻歌已厭聞。欲識尊前秋幾許,雁飛不渡海東雲①。
①臺無雁。

蕉果黃梨賽海南,炎天飽嚼不嫌貪。更思留看霜天熟,親試西螺十月柑①。
①柑以西螺為最美。

記〉,周莘仲受誣,光緒十四年十一月棄官渡海,原文是:「同家丁乘夜往土結窟,果吉人天相,黎明即有船往泉州崇武。行至四日,到福州。」

荷花度歲竹迎年，妙句今猶萬口傳。算是四時好天氣，黑貂不值一文錢①。
①雖隆冬，無禦裘者。

　　以詩寫日記的張元奇，究竟何時來臺灣？這是值得玩索的公案。卷一《翰林集》收錄〈由臺南至臺北道中雜詩〉八首，是百餘年前的臺灣史料，詩歌娓娓道來在地人文風土，頗有文獻價值。清康熙35年冬，福州火藥庫爆炸，硫磺、硝石全數焚毀，所以郁永河自動請命前來北投採硫，他同樣從安平上岸，但近岸水淺，船隻無法前進，於是下船改乘牛車，靠人牽引；張元奇詩中的註記則是說用竹簰綁木桶載客上岸，顯然已經大有不同。

舟人以竹簰縛木桶，載客登岸。

《知稼軒詩》概說

　　張元奇來臺不到一年就返回家鄉，在第八首詩說「荷花度歲竹迎年」，這是稱讚臺灣四時好天氣，到了冬天，荷花竹子仍有生意，也不必穿貂裘；他還有一首〈歲暮抵家寄周辛仲廣文〉，是年終回到家寄給在臺結交的朋友，裡面寫家人誤聽謠言，以為他得了癘病死了，也有說他掉到海裡屍骨無存了，可見行船遠遊的危險。由於他是依照當時海象，在四月八日抵達安平，所以前後算來約八個月。這段期間，他還寫下〈五妃墓　有序〉、〈海東弔鄭延平〉，同樣收在《翰林集》，可惜《全臺詩》未將這些詩納入。

　　張元奇為何來臺，詩中沒說，在〈關於前清進士張元奇事迹及其著作的探討〉說他：「自幼飽讀詩書，曾赴臺灣教書。」但沒提任何證據。檢視網路的「福州名人傳」，似乎就是根據此文，所以將他的《遼東集》也誤為《遠東集》；再看福州晚報2017.10.16的報導：「及長曾赴臺灣教書，邊執教邊繼續科舉。」另外沈葆楨第六代子孫沈呂百記錄族譜，一樣說他「早年來臺教書」。他是從安平登岸，然後一路北上臺北，因此若真教書，應在臺北執教才是；其次，張元奇於詩集皆稱宣統帝師陳寶琛為「弢庵丈」，陳寶琛也是福建人，其二妹陳貞，字芷芳，嫁板橋林家，或許因這層關係促使他來臺北教書嗎？

　　然而根據《知稼軒詩・序》稱：「丙戌（光緒12年，1886）以前少作，可存者尠，盡從割愛。」也就是說他二十六歲中進士前的作品，可保留的太少，所以全部割愛不收，因此《翰林集》收錄的作品，包括〈由臺南至臺北道中雜詩〉都是

入翰林以後所寫；換言之，他來臺灣是中進士之後，既然出仕，自不可能來臺教書了。

上述說法彼此矛盾，唯有來臺詩是事實，我們仔細推敲，中進士只能榮耀回鄉半年，接著入翰林三年，再考試分派職務，張元奇入仕之初都在京城，恐難有空閒到臺灣，何況他四月就抵達台南；來臺又超過半年以上，所以也不可能在中進士當年。若說他到臺灣是二十五歲中舉之前呢？如此一來，張元奇序文雖說少作不收，但想必這幾首是足資紀念，刪汰未盡之作了。

然而這組〈由臺南至臺北道中雜詩〉本應與〈五妃墓　有序〉、〈海東弔鄭延平〉、〈歲暮抵家寄周辛仲廣文〉諸詩併觀。張元奇寄詩「周辛仲廣文」，「廣文」是明清時期對教官的別稱。周長庚（1840-1893），字辛仲（亦作莘仲），又字味禪，福建侯官人。同治元年（1862）舉人，選任建陽教諭。光緒10年（1884）調署彰化縣學，又3年實授。隔年彰化縣民施九緞等因官府丈量土地不公，率眾圍城暴動，周長庚與邑諸生吳景韓等縋城出，曉諭利害，再加上援兵至而圍解。其後周長庚又因保護鄉民，為民請命，與縣令李嘉棠齟齬，遭誣通賊，於是在該年（光緒14年）11月底棄官內渡，參與會試。鹿港鄉紳曾感念他的義舉，先後兩度集資合計六百金相助，可惜會試皆不中，19年（1893）元月，貧困以終。吳德功《施案紀略》附錄〈周莘仲廣文遭難記〉記述其生平頗詳。連橫《台灣詩乘》卷五也記其遭李嘉棠所誣一案，云：

嘉棠忌其功，密揭巡撫以勾通罪，令赴轅訊問。長庚請試禮部，牒既下矣，事急，乘漁舟走泉州，潛行入京，逾年乃解。彰人士諗其冤，至今猶有道者。

另唐景崧讚譽他是善於詩鐘的「閩中作手」；而同屬福建鄉親，也是張元奇好友的林紓則有〈廣文周辛仲先生五十壽序〉、〈告周辛仲先生文〉，並為其遺作撰〈周莘仲廣文遺詩引〉。

〈歲暮抵家寄周辛仲廣文〉列於八首雜詩之後，開頭就說：「渡臺交臺士」，可見與他來臺詩歌作時接近；再對照《全臺詩》收錄周辛仲作品，如〈延平郡王廟〉、〈拜五妃墓〉，從詩題就看出是與張元奇互相唱酬的作品。張元奇詩又說：「斐亭有詩老，築壘頻見召。」此處以戰爭築堡壘比喻作「詩鐘」的刺激，意指斐亭詩老頻頻招邀鬥詩，限時吟作。自注云：「臺灣道故兼學政，余至臺南，適試事已竣，薇卿前輩於各校官送考未歸，擇其能詩者留作詩鐘，辛仲首與焉。」這表示他初抵臺灣就結識了詩友。「斐亭」是唐景崧（1842-1903）在臺南創立的吟社名稱，後來改駐臺北，又建牡丹詩社，所以「詩老」正是唐景崧，唐景崧字薇卿（又字維卿），故稱「薇卿前輩」。連橫《臺灣通史》卷三十六記載：「道署舊有『斐亭』，葺而新之，暇輒邀僚屬為文酒之會……。十七年，擢布政使，駐臺北。臺北新建省會，游宦寓公，簪纓畢至，景崧又以詩勗之，建牡丹詩社。飭纂《通志》，自為監督，未成，而遭割臺之役。」

唐景崧因中法戰爭有功,於光緒11年補授福建臺灣道兼按察使,而真正抵臺已是光緒13年3月;光緒17年11月,他實任布政使,《光緒實錄》記載:「以福建臺灣道兼按察使銜唐景崧為福建臺灣布政使。」光緒20年9月,他繼劉銘傳、邵友濂為臺灣巡撫,至甲午戰敗,臺灣割讓日本為止。由此看來,張元奇的來臺詩置入《翰林集》無誤,它並不是早期還未考上進士的汰除未盡之作。唐景崧於光緒18年(1892)奉命入京陛見後,也開始監修《臺灣通志》、《臺灣澎湖志》。《臺灣通史・藝文志》如此記載:「光緒十八年,臺北知府陳文騄、淡水知縣葉意深稟請纂修通志,巡撫邵友濂從之,設總局於臺北,以布政使唐景崧、巡道顧肇熙為監修,陳文騄為提調,通飭各屬設局採訪,以紳士任之。」

　　今綜合史料,研判張、周、唐三人有交集的時段:張元奇入翰林院學習三年,至光緒15年才「散館」;周辛仲是光緒14年11月棄官渡海,隔年在北京應試,所以聚會吟詩最早也要在光緒15年以後。或有人質疑他既棄官,還能稱之為「廣文」嗎?這是以他最高舊銜對他的尊稱,前述吳德功、林紓所撰文皆如此,並不足為奇。當臺灣建省之前,皆是由臺灣道兼理學政,「臺灣道」是福建省的派出機構,歸福建省管轄,臺灣建省後,臺灣道的編制如舊,官署仍在台南,但學政事務則由巡撫負責,《清史稿・職官志》有云:「(光緒)十一年,臺灣建行省,改福建巡撫為臺灣巡撫,兼學政事。」只不過改制之初,因閩臺之間仍有諸多業務必須劃分,直到14年,閩臺正式分治,首任臺灣巡撫劉銘傳才兼理學政;然《光緒實錄》16年

12月戊午（1890年1月21日）記載：

> 劉銘傳奏，假期屆滿，病仍未瘥，籲懇開缺一摺。劉銘傳著再賞假三個月，毋庸開缺。所有臺灣科試事宜，著派唐景崧暫行代辦。

因劉銘傳奏請病假，因此光緒17年的試務是由唐景崧主持。另據唐景崧於光緒19年4月刊印詩鐘集《詩畸》一書，序言說他壬辰（光緒18年，1892）入都，得到友人讚美激勵，回臺決定把詩鐘作品編輯成書：

> 洎歸海東，爰取鈔稿，重加刪汰，分門編輯，綜計前後，存十之三四，乃付剞劂，無俾再遺。凡稀與會者，雖數聯必錄，而麤學如兒子運溥輩，亦採廁其間，所以勵其風雅之志也。而無稿可輯者，計凡十餘人，其姓名可記，則有若張珍五編修元奇、楊琢齋工部兆麒、林梅貞戶部景賢、周莘仲廣文長庚，皆閩中作手，惜竟不得與於斯集矣。

裡面提到張元奇作品因未留底稿，無法編輯，而稱呼他的職銜是編修，也就是翰林院編修。張元奇確實從光緒15年翰林院散館授編修，到了光緒21年連署翰林院編修李桂林〈條陳時務呈文〉、禮部郎中黃謀烈領銜〈為臺民鋌險，大局可虞，籲懇宸斷，轉危為安，呈請據情奏聞事〉，諫請廢除中日甲午議和的

割臺條款，他的職銜皆是翰林院編修；更觀張元奇詩中自述四月抵臺南，還說到斐亭詩老，從地點、詩社名稱，加上詩注特別提及：「臺灣道故兼學政」，多一「故」字是指出先前制度如此，因這時唐景崧畢竟不是巡撫，他是以福建臺灣道兼按察使代理試務，正符合臺灣道兼學政的舊制，由此證明張元奇來臺、寫作〈由臺南至臺北道中雜詩〉時間，應在光緒17年任翰林院編修之時。如對應張元奇當時的職銜，翰林院編修從事誥敕起草、史書纂修、經筵侍講等工作，再從詩歌吟詠的內容觀察，他比較可能是為了蒐羅史料，考察民情風土而來，所以才有八個月的時間留臺。

〈留別老牆根舊宅〉

> 生世如短檠，特留牆角迹。去住亦偶然，胡為意不懌。
> 城西類野處，地闊無巷陌。花市接街頭，山翠當門額。
> 五更過駝群，鈴響連數百。任嘲壚墓鄰，勝傍王侯宅。
> 庭中故多樹，藤花尤奕奕。只憨灌溉疏，生枯不自惜。
> 天復欲徙之，沅湘縱倦翩。明朝彰德府，後日信陽驛。
> 洞庭八百里，盪胸豈云窄。持此畀良友，中有吾詩魄①。
>
> ①楳憎將入都，仍居此屋。

〈留別老牆根舊宅〉是王賡《今傳是樓詩話》欣賞的詩篇。張元奇在北京的住家，前後期有所不同，前期住處據《洞庭集・留別老牆根舊宅》描述：「城西類野處，地闊無巷

陌。花市接街頭，山翠當門額。五更過駝群，鈴響連數百。任嘲墟墓鄰，勝傍王侯宅。」老牆根位於北京宣武區西北部，東起校場口胡同，西到下斜街，因位於老城牆之下而得名。詩中說此處在城西，偏僻寬闊，有駝群經過，清晨會響起駝鈴；又被嘲笑與叢聚無人祭掃的荒墳為鄰；還寫到街頭有花市，下斜街與老牆根街交界處不遠，就是著名的下斜街花市。在卷一《翰林集》除有一首〈花市〉云：「卜鄰近花市，居久悟物理。」還有一首〈北江舊廬圖，為徐鞠人同年題〉：

> 閒官食破硯，五載斜街居。時過椒山宅，頗愛竹垞廬……。

詩一開頭用蘇軾「我生無田食破硯」典故，說他以文職謀生，在老牆根的斜街住五年多了。「椒山」是明代楊繼盛（1516-1555），他的故居位於北京宣武門外達智橋胡同的松筠庵；「竹垞」是朱彝尊（1629-1709）別號，朱彝尊在京任職期間曾在宣南地區多處居住，康熙二十八年（1689）三月，朱彝尊從西城區海柏胡同（原名海波寺街）16號遷居至槐市斜街（今下斜街）的土地廟附近。兩位名人故居和張元奇所住的老牆根是接近的。另祁寯藻《䅰訥亭集》卷九〈十一月四日自園還城呈同舍諸君子二首〉之二云：

> 斜街老屋孰為鄰？井冽泉甘意倍親。東海到今誇戚里，西山隨我入城闉。退朝且喜寒窗共，送客無端別緒新。

惜取圍爐好時節，天邊還待欲歸人。

自注：「城居下斜街四眼井，舊題曰『東海戚里』。」祁寯藻是張元奇座主祁世長家翁，故對應《蘭臺集‧祁文恪師故宅，今為商部工藝局，與余居接衡宇，林木蒼蔚，相對輒愴然也》所注：「宅前即俗所稱四眼井」，完全相符。

　　當張元奇被貶湖南，老牆根的房子便移交給同鄉、同榜好友葉在琦入住了。張元奇後期所住「榆園」也在城西，不過是西斜街，童軒蓀〈往日童遊地「西城故事」〉說：「他的住處就在我的住處隔巷西斜街，特別記得清楚，原因是他的大門口乃我童遊之地。」（《傳記文學》第十八卷第四期）；《榆園集》的〈榆園十首〉之四即說：

　　溟池奮鵬翼，何如飛搶榆。城西有老屋，聊與施堊塗。
　　荒園二畝餘，雜樹數十株。王城亦堪隱，朋輩還相呼。

詩中起筆用了《莊子‧逍遙遊》「飛搶榆枋」典故，以「榆園」為宅名；且同卷兩首詩〈園後有小廟祀老聃、莊周、尹喜，仍存之〉、〈種竹初活，雨後新綠可愛〉也可證明榆園非老牆根。此地幾經易主，先前主人信奉道教，追求長生，因此後園有小廟奉祀老子、莊子等高賢；又因張元奇搬來，才需要在荒園栽種竹林：

　　老莊多玄旨，關尹亦聞道。世儒喜恢詭，所賞但文藻。

《知稼軒詩》概說

> 頗聞園主人，煉養有深造。手種邵平瓜，心希安期棗。
> 立祠比三高，旦夕事拜禱。不知外生死，衰顏詎久保。
> 園亭如傳舍，易姓迹重埽。我來求藏身，略與剪蓬葆。
> 桃梗固不倫，茅龕亦自好。
> 無竹便覺此園俗，移竹正喜逢三伏。豐台之種云最良，
> 沿坡掩護何簇簇。洗盡塵土見瀟灑，連朝得雨如新沐。
> 三竿兩竿綠可憐，置身何必貧簹谷。

至於在郭曾炘《匏廬詩存・枕上和薑齋》也提及：「翻羨榆園早落成。」此皆可知榆園與老牆根的老屋的確有所不同。

〈京漢鐵道車中雜詩〉與〈別洞庭〉

> 王城回首隔雲端，掉尾西山不耐看。欲索古來爭戰迹，
> 趙州南去是邯鄲。
> 昨宵擁火辦行纏，今日登車欲卸綿。冷暖分明爭一晌，
> 底須持此問高天。
> 腳底黃流吼怒雷，飆輪安穩去無猜。阻風莫作龍神惡，
> 百丈長橋跨水來。
> 河畔村氓半穴居，蛩蛩作計未全疎。豈知陵谷遷容易，
> 大壑藏舟事本虛。
> 曉日孤城過鄭州，平沙莽莽使人愁。春田不見耕歌起，
> 一帶寒林放野牛。
> 插漢峯巒武信關，巨靈擘盡石斕斑。直從北幹通南幹，

187

便向前山望後山。

人家居處繞陂塘，行盡河南得水鄉。點綴車前好顏色，麥花分綠菜花黃。

好山過眼太匆匆，枉費描摹總不工。合向洞庭湖畔住，飽嘗湖水與湖風。

郡符不久握，洞庭望猶迷。留詩岳陽樓，乞水武陵谿。
魚蝦賤若土，餘糧畝常栖。沿湖多新會，拒水憑垸堤。
亦或苦潰決，一熟無饑黎①。兵荒已過眼，今歲歡嬰婗。
終身守樂土，遑計官職低。云何捨之去，遠涉遼東西。
榆關俯渤海，塞草青萋萋。九月即飛雪，邊馬聲酸嘶。
朝廷固邊圉，元戎新析圭。重定漢官制，蔚然生雲霓。
下收拳曲材，謬與松栝躋。竄身老蠻徼，尚有雲憶泥。
泯棼世事急，解結無錐觿。棄繻語何壯，只恐湖神詆。
①諺云：「湖南熟，天下足。」

　　張元奇於光緒32年（1906）被貶岳州（治所在湖南岳陽），詩集卷三《洞庭集‧京漢鐵道車中雜詩》八首，寫火車馳行，快速又安穩，不僅貫穿黃河怒流，也描畫各地人文景觀的差別，如河畔百姓半穴居、鄭州平沙莽莽不見春耕、武信關峯巒高聳、南方陂塘水鄉的麥花和菜花使得大地色彩繽紛，還有南北氣溫的懸殊等。這車中即景第八首說道：「好山過眼太匆匆，枉費描摹總不工。合向洞庭湖畔住，飽嘗湖水與湖風。」貶來南方，總不比身在京城，他自我調侃應該常住洞庭

湖畔，飽嘗湖水湖風，此時內心無疑帶著悵惘。

根據同卷〈送芝妹南歸〉，敘述他瘦弱的妹妹帶兒子千里迢迢來湖南探望，短暫的一番聚會，又將離別，妹妹勸他不如及早歸田，這不禁讓他面對江船而引發聯想，吟出「風帆收有時」的雙關語回應妹妹，可見他遭貶南下，鬱不得志的心情，正符合陳衍詩話說他此時「千憂百悲，時時流露」；但反觀他大約經過半年，便移調常德，又激起了信心，說：「已掣江帆不可收」；甚至在改派為奉天（遼寧）錦州知府時，更生出無比鬥志，寫道：「我坐狂言棄蠻荒，如蠶出絲自纏裹。艱險飽嘗百不懼，驚濤自把中流柂。」又恢復儒者兼善天下的志向了。

穿越鄭州黃河大橋的京漢鐵路，是甲午戰後，清廷修築的第一條鐵路，1906年4月1日全線竣工通車，張元奇顯然躬逢其盛，他被貶到岳州，正是搭乘新闢建的京漢鐵道南下，所以將搭火車這種新鮮事也記入詩中。

在《洞庭集》最後一首詩〈別洞庭〉，張元奇樂於調任奉天知府的心情躍然紙上：「朝廷固邊圉，元戎新析圭。重定漢官制，蔚然生雲霓。下收拳曲材，謬與松栝躋。竄身老蠻徼，尚有雲憶泥。」東北對滿清而言，是龍興之地，當清兵入關、遷都北京之後，舊都瀋陽（盛京）仍然受到重視，被稱為留都；但到清晚期，日俄處心積慮想據東三省為己有，所以詩中說朝廷為了鞏固邊防，特別設置東三省總督新職，他認為制度重新修訂，老百姓早已如大旱之望雲霓，接下來生活可望獲得改善，而以他不材遭貶之身，沒想到也被記起，並將他改派

正建造中的京漢鐵路鄭州黃河大橋

到東北留都之地。「元戎」就是主帥,「析圭」原是古代帝王按爵位高低分頒玉珪,也就意謂授任官爵,而這個總督新職務,正是由徐世昌擔任。

張元奇以一福州人居然到東北任職,與同榜進士徐世昌有關;而當然,他後來能升任奉天巡按使,還要徐世昌的上司袁世凱認可他會辦事。奉天當時面對日俄覬覦,又與韓國接壤,族群多元,情勢特殊,徐世昌先是擔任巡警部尚書,後補授東三省總督兼管三省將軍事務,他倚重張元奇,所以張元奇丁憂服喪之後,先是兼任巡警部之職,後來因彈劾案貶

官,再後就到奉天擔任錦州知府,〈張元奇墓誌銘〉也說:「時徐公已總督東三省,追甄前勞,以錦州守,奏署奉天民政司使。」《遼東集》中有〈奉帥檄,親赴各屬考察吏治,廖紫垣太守、王煥青大令、劉哲臣游戎同行〉,其中廖炳樞字紫垣,時任奉天興京府的知府;王煥青是留學日本歸國的縣令,劉哲臣是武官,而「帥」自是徐世昌。

〈榆關旅店題壁〉

> 海雨霏霏關月黃,孤燈照影落邊牆。五更寒曲吹愁出,一枕河聲入夢涼。往事穴中矜鬬鼠,危機歧路痛亡羊。東華輪角磨人慣,又逐炎塵過戰場。

慶親王奕劻長子載振遭到彈劾有兩次,第一次發生在光緒二十九年(1903)十月,第二次是光緒三十三年五月(1907),《清史稿》記載張元奇第一次彈劾這個被視為可能續光緒為帝的貝子,第二次則是趙啟霖的上奏:「御史張元奇劾載振宴集召歌妓侑酒。上諭:『當深加警惕,有則改之,無則加勉。』……御史趙啟霖奏:『段芝貴善於迎合,上年貝子載振往東三省,道經天津,芝貴以萬二千金鬻歌妓以獻,又以十萬金為奕劻壽,夤緣得官。』」第一次彈劾,看到上諭批示,就知道朝廷偏袒皇家宗親;第二次更涉及清流派(岑春煊、瞿鴻磯為主導)與北洋派(袁世凱、奕劻為領袖)激烈角力,史稱「丁未政潮」,結果趙啟霖遭到革職;張元奇在此之前已被權貴中傷,貶到湖南,相較之下,尚屬幸運。

《遼東集‧榆關旅店題壁》是1907年由湖南岳州知府移調奉天,在榆關旅店所寫。張元奇於〈別洞庭〉才寫道:「郡符不久握,洞庭望猶迷⋯⋯。云何捨之去,遠涉遼東西。榆關俯渤海,塞草青萋萋。九月即飛雪,邊馬聲酸嘶。」而今果然到此。「榆關」即自古知名的要塞戰地山海關,山海關位於河北、遼寧接壤,是明長城最東端關隘,右翼延伸入渤海,有「天下第一關」的名號。時值炎夏六月,「丁未政潮」已到尾聲,詩中云:「往事穴中驚鬥鼠,危機歧路痛亡羊。」《史記‧廉頗藺相如傳》說:「兩鼠鬥於穴中,將勇者勝。」比喻敵對雙方在地勢險狹的地方相遇,只有勇往直前者能獲勝,這裡是比喻政爭的激烈;《列子‧說符》言:「大道以多歧亡羊。」意指事物複雜多變,沒有正確的方向就會誤入歧途。張元奇投宿在此軍事重鎮旅店,夢醒想起往事及當下國家動盪,有感而發,寫作此詩,其情其景,定是點滴在心。

後來間隔七年多,他再次投宿山海關,《遼東後集‧重九日宿山海關》說:「只有茲關尚屹然,世間變滅付雲烟。」朝代更易,賦詩心境、世態與前次已經大有不同。在民國時期的一次宴會,樊增祥(號樊山)跟他提起彈劾載振往事,說自己也寫了詩,張元奇感動之餘,和贈一首,收在卷十一《榆園集》,題目稍長:〈泊園席上,樊山前輩謂余昔年劾某貝子事,曾有詩紀之,感贈寄樊山索和〉,開頭四句這麼說:

晚以孤寒結主知,群昏誤國在恬嬉。青蒲痛哭彈章淚,紅粉流傳本事詩。

張元奇的出身沒任何雄厚背景,他眼見一批昏亂官員沉湎淫樂,快把國家搞垮了,於是基於言官職責,挺身彈劾。「紅粉」當然是載振桃色新聞的歌妓,她被樊增祥題了詩傳揚出去;而「青蒲」是青色蒲墊,上諫者可跪伏其上,引申為天子內廷,杜甫〈壯游〉詩說:「斯時伏青蒲,廷諍守御牀。」張元奇「青蒲痛哭」,呈上彈劾奏章,正可見他義無反顧,「雖千萬人吾往矣」的義憤。

〈登龍首山〉與〈東平道中〉

> 北去飛沙撲馬頭,一杯聊此弔殘秋。座中各有新亭淚,迸入遼河水不流。
> 一塔嵯峨劫裏過,雙松歲歲閱人多。傷心龍首山前路,歸鳥寒林喚奈何。

> 銜尾糧車盡入關,連村露積更如山。此邦十歲九豐稔,使者三年一往還。但使篝車長在眼,不嫌塵土污吾顏。行人尚記東流水,畚鍤寧教寸土閒。

詩歌以精煉言語表達當下心境,如果作者未詳細說明,一旦時代曠隔,讀者也只能約略感受作者的情緒,至於內情為何,則很難掌握,這也是研究者為何審慎考辨,卻又時常觀點歧異,眾說紛紜的原因。張元奇詩歌,某些尚有小注可略窺奧蘊,但也不是全數加注,例如卷四《遼東集・登龍首山》,詩有兩首,其中用了「新亭對泣」的典故,這是指東晉南渡名士

王導眾人,於新亭飲宴,舉目望見山河,感慨國土淪亡而相與對泣。典故表達出國土亡失、痛心國難而無可奈何的心情;但張元奇當時何以如此述說?幸得陳藝為遼寧鐵嶺編修《鐵嶺縣志》(民國6年奉天新作印刷局排印本),於卷八〈續藝文志〉也收錄此二作,題目是〈題龍首山畫圖〉,與詩集名稱稍不同。

民國4年,陳藝在書將付梓之前,請時任奉天巡按使的張元奇撰寫書序,序中起筆就講起他於光緒34年擔任民政司使,與僚佐同登此山,感慨淚下而賦詩。由於日俄戰爭之後,日人實已霸占國土,該地儼然成為日本聚落,致使他不覺墮淚。此二詩難得有作者自剖心曲,寫在〈鐵嶺縣志敘〉的開頭,省卻研究者、讀者不少費心考據與臆想,因文獻可貴,特別謄寫如下:

> 昔在清光緒三十四年秋八月,余以是邦民政司使,旬宣郡邑,北征至于鐵嶺,偕令屬僚佐從邦人士,登東偏龍首山,慨然賦詩曰:「傷心龍首山前路,歸鳥寒林喚奈何。」是時日俄戰後,創夷未復,日人闢山寺為樂游原,寺旁則日將瘞骨墦在焉。望西關,飛車如龍蛇起陸,日僑屋市櫛比,儼然徐福村,故不覺其撫圖神傷,字隨淚下也。

文中「樂游原」即是「樂遊原」,又稱「樂遊苑」,最早是秦代宜春苑的一部分,至漢宣帝又加以興造,到了唐代仍是遊覽

勝地,其位於長安之南,為地理位置最高的地方,可以眺望長安城,文人墨客經常來此寫詩抒懷。意思是指日人在龍首山建寺成為遊覽景區,並在旁設立日將埋骨塔,往西城門遠望,車潮絡繹,「龍蛇起陸」還可以理解為舊時代終結,新時代開始,因此日本人已遷居聚集至此,「徐福村」是以秦始皇時代尋找仙藥的方士徐福,帶領童男女東渡到達日本的典故,喻指此處是日人移居的新樂園。

至於卷五《遼東續集・東平道中》也很有特色,不僅見證歷史地名沿革、吉林縣境糧產的豐饒,還看到張元奇為公務奔波。

東平縣位於吉林省中南部,南與遼寧省清原縣接壤,原名「東流水」,詩中說行人都還記得此地舊名。到光緒28年（1902）正式設置為東平縣,後因與山東東平縣重名,民國3年又改名東豐縣。當地糧食年年大豐收,連村露天堆積像山一樣高,還能一輛輛前後相接輸運入關幫助其他各省。國以民為本,民以食為天,張元奇間隔了三年,出差奔波往來道途,雖然風塵滿面,但見五穀豐熟,收穫滿車滿簍籠,百姓勤勞耕作,不讓一寸地閒著,就相當快慰。詩中文句比較難懂的,可能是讀者不知「東流水」原來是地名;而「簍車」也可說是水車,不過這裡使用《史記・滑稽列傳・淳于髡傳》的「甌窶滿簍,汙邪滿車」更加貼切,也就是指高地上收穫的穀物盛滿簍籠;低窪田裡收穫的莊稼裝滿了車輛。至於張元奇因何事來到東平,卻已經無法詳悉!友人王賡《今傳是樓詩話》114條提及:

> 君晚歲入京，時有吟事，有〈自笑〉二首云……。其時君卜居斜街，意興索然，不知何所感觸，而詩中牢落如此。

同樣也不知張元奇發生了何事。陳衍《石遺室詩話》卷七評論當代詩人黃遵憲詩歌取材時事的弊病曾云：「公度詩多紀時事，惜自注不詳，閱者未能盡悉。」這幾乎是以詩歌敘事無法突破的困境。

〈由半山亭至萬松關〉與〈彗星〉

> 雲水分明剩爪痕，山亭題句已無存。萬松化劫重來日，嗚咽泉聲聽到門①。
> ①萬松關舊松皆數百年物，今蕩然矣。

> 宣統二年四月十八，日既入，彗星出天，天陰黑。占云：「此星七十餘年方一見，距地萬六千里。遠可測其見在西，其尾在南，其首在北，其光熊熊，其色白。」

> 天文臺上勞窺覘，奔走狂號駭一國。彗之為義在埽除，除舊布新誰袞職。累朝災異史必書，山崩川竭日月蝕。欃槍熒惑亦天象，謂非垂戒毋乃忒。歐人云此有軌度，時至自見無淑慝。轉憂抵觸到世界，破碎虛空在頃刻。果能一擊散地軸，吹入鴻濛萬竅息。嗚呼！中外異說不異天，變動吉凶皆在德。

《知稼軒詩》概說

　　卷一〈由半山亭至萬松關〉敘述重來福州鼓山名勝的境況。這是一段動搖國本的太平天國戰亂尾聲故事，張元奇看見勝地瘡痍景象，聽見泉聲似乎嗚咽般哭泣。同治三年（1864年）太平天國軍隊在侍王李世賢率領下，由浙江、江西進軍福建，攻打萬松關，清兵無法力守，太平軍砍殺無數，奪關而過，進駐漳州，幸由左宗棠統籌福建軍事，侍王終被擊潰。這般內憂外患不斷的國家，距離滅亡自然為期不遠。

　　《遼東續集・彗星》記宣統二年四月十八彗星出天的異相，人心浮動。《宋書・傅亮傳》曾記傅亮見長星（彗星）竟天，拊髀曰：「我常不信天文，今始驗矣。」意思是，他知道國祚鼎革的大劇變要發生了，所以手拍大腿，說他本來不信天文，現在竟應驗了！張元奇對此異變總結認為「變動吉凶皆在德」，但說來也奇，隔年宣統便退位了。

〈萬壽橋遇險幸免感賦三首〉

　　　　火器日以新，一擲碎人骨。我行萬壽橋，狙伏欲我殺。
　　　　烟燄刺天飛，巨霆不可遏。相距只數武，此險竟幸脫。
　　　　路人遘奇災，死傷互顛越。或肢體飛裂，亦手足斷割。
　　　　僕圉斃其三，軍衛但嗔喝。似有神扶持，雲散江波闊。

　　　　與人無深仇，橫加有毒手。云欲摧民官，不死亦當走。
　　　　我死亦細事，恨不正丘首。海隅久蟄居，所志在田畝。
　　　　邦人日促歸，選群及衰朽。纓冠一念愚，乃以身叢垢。
　　　　古訓高必危，勇退求耕耦。

197

> 羝羊苦觸藩，飛鳥思避繒。區區抽身意，不能諒友朋。
> 自問無一善，遮留何頻仍。關山誠險巇，荊棘千萬層。
> 剪除詎無術，力薄憨未能。委身飼豺虎，謬解云飛昇。

張元奇一生遭遇不少艱難，也數度遇險，其中以任職福建省長遇炸事件最廣為人知。1913年3月23日的《申報》登載：2月4日下午2時半，福建民政長張元奇從倉前山回城，路過萬壽橋。橋上有兩個穿短衣的人，抬了一隻木箱擺在橋欄邊，當張元奇的坐轎離木箱只有一馬之隔時，突然一聲，火光四射，當場炸斃護衛一名，旗牌一名，馬數數匹，路上行人死者十三，重傷者二十餘人。張元奇倖免於難，只得易輿而船，改由水關回署。

2月6日就是除夕，張元奇竟在過年前遭到炸彈恐怖襲擊！不幸死傷達數十人，他卻如神蹟般安然無恙。事後他撰寫〈萬壽橋遇險幸免感賦三首〉，收錄在卷七《南歸集》，第一首描述過程非常清晰，爆炸當下的距離僅數步之遙，張元奇幸運脫險，似有神護，但僕從死了三人，遭受波及的路人也死傷狼藉，「顛越」是隕墜倒斃的意思。雖然軍衛嗔喝，但兇手仍然沒能捕獲。第二首和第三首都有倦勤之意，第二首偏向個人的檢討反省，說：「與人無深仇，橫加有毒手。云欲摧民官，不死亦當走。」沒深仇大恨卻橫加毒手，這使他感到沮喪，不免萌生退意，想急流勇退，回歸田園：「古訓高必危，勇退求耕耦。」

第三首是回應朋友們的不諒解和慰留。公羊角撞上籬笆被卡住，進退不得是很苦的；鳥禽怕被射中，高飛是懂得躲避利箭。開頭用兩種動物比喻，動物尚且如此，自己也應及早抽身，閩地不好任職，就像山巒險峻、荊棘層層，他自慚能力不足以勝任，可能友人勸說應效法宗教家精神，所以最後兩句結合佛教捨身飼虎、道教白日飛昇，認為虛妄謬說不切實際，在遇炸後，毅然於5月9日辭職離閩。

事件過了一周年，他又賦詩〈小除日追憶〉，收入卷八《孟莊集》，詩裡提到當時脫險，繞道回民政長公署，見到妻子兒女百感交集的心情：「歸對妻孥如夢寐，海天重見歲崢嶸。」「歲崢嶸」指特殊不平凡的年歲。歷劫歸來，彷彿夢寐一場，這一年得以活著再見到海天大地，實在太不平凡了！

根據《文史資料選編‧第四卷‧政治軍事編》第五冊〈彈炸第一任民政長張元奇〉，作者劉通，他指稱爆炸案是方聲濤（方聲洞之兄）策劃：

> 方聲濤說，探知張元奇要往倉前山拜會外國領事，決定由趙家馨攜帶炸彈，偽裝為裝修電燈工人，守在倉前橋南邊，待張元奇乘轎回途到橋頂上的時候，將炸藥引爆。張元奇拜會外國領事後，坐著大轎回公館。由中洲到倉前橋上有石階幾級，張的坐轎到石階前，適轎夫需要換肩，稍停了三數十秒鐘，炸彈就在轎夫換肩時在橋上爆炸起來，張元奇得幸免一死，反而誤傷了周圍群眾數十人。

這樁案件，依文中所述：「這些人在一年多以前，對我們還是欲囚則囚，欲殺則殺，無所不用其極。今天他們竟做起民國的大官來，我與他們勢不兩立。」顯然是策謀者不滿清廷官員在改朝換代後，仍位居要津，而亟欲報復，並非因張元奇為官有敗德失政才痛下殺手。

〈同瀚（翰）才孫赴小還槽觀農事〉

> 春麥不盈尺，彌望拂新綠。秋粱未出土，正憂雨欠足。
> 天旱河流細，溝塍失膏沃。桔橰終日響，龍骨催噴玉。
> 雛孫喜適野，相攜及朝旭。汝要知艱難，更稍辨菽粟。
> 耕田實良圖，豈為矜高蹈。老農百無憂，但祝歲歲熟。

張元奇與同鄉合資，在「小還槽」買地，由卷六《津門集‧買舟至小還槽量地，遇雨不果，復偕贊虞前輩、蓮峰、景溪、清如諸君，由軍糧城乘汽車回津》，可知農地濱河，適合種稻，鄰近軍糧城。軍糧城位在天津東部，是一座具有千年歷史的古鎮，也是天津最早的海港，唐代就開始在這裡築城設防漕運、聚積軍糧，故名。

卷八《孟莊集》裡的〈同瀚才孫赴小還槽觀農事〉，則是一位長者帶著孫兒去看莊稼。詩中飽蘊愛孫之心，順便給不到十歲的孫兒一個開導，結果影響了他的一生。

張元奇教導孫兒要知農務艱難，糧食得之不易，都是經由農民辛勤耕種、與天拚搏而來，有了糧食，人們才能夠生存，耕田解決百姓生活所需，是最好的良方，並不是自矜道德

張元奇長孫張翰才與妻子沈摩訶合照。

張翰才夫婦與三個女兒張慶先、張兆先、張勝先在天水拍攝的全家福。小兒子張德先還未出生,照片中褓姆抱在懷裡的是三女張勝先。

崇高而有此說法;言下之意,也不要自以為受了教育就高人一等。鄭板橋〈寄弟墨書〉有言:「我想天地間第一等人,只有農夫……。皆苦其身,勤其力,耕種收穫,以養天下之人。使天下無農夫,舉世皆餓死矣!」張元奇的想法與此頗為相似。

這個小孫兒長大成為留日農業經濟專家,任職於中國銀行,負責農業貸款業務,曾駐鄭州、蘭州、天水,是天水中國銀行的開拓者,1947年由天水調回上海總行任襄理,1948年,他被派往台灣糖業公司稽查業務,原預期六個月,隔年局勢有變,因此全家留居台灣。

〈鄭仲瑜前輩特喜余書，謂寸寸皆寶，去歲寄余律詩四首，因循未和。歲闌夜靜，檢讀贈什，賦此寄懷。視十年前晨夕相對，忍凍聯吟，蓋不勝今昔聚散之感矣〉與〈連日為人作書盡數十紙〉

> 昔時文采各矜誇，忍凍哦詩斗柄斜。相對冷曹皎冰雪，獨攜健筆抗風沙。夢回重憶廿年事，老至難消雙鬢華。隔海藤山招不得，為君寸寸斂薑芽。
>
> 肥瘦區區較醜妍，臨摹多事乞人憐。平生不耐元和腳，醉後欹斜欲自賢。
> 心折坡公守駿言，朝來硯水已全渾。縑金論值如相許，便合傭書牓此門。

張元奇同鄉鄭仲瑜前輩住在洪塘，非常喜愛張元奇的書法，認為寸寸是寶，張元奇久已離鄉，他仍寫詩寄意，張拖延許久未予酬和，到歲暮夜靜，重讀來詩，回憶十年前還晨夕相對，忍凍聯吟，不勝今昔聚散之感，於是題詩寄懷。卷五〈鄭仲瑜前輩〉這首題目很長的詩說：「隔海藤山招不得，為君寸寸斂薑芽。」兩人闊隔山海，無法招邀同聚，於是特別謹守規矩的為鄭仲瑜寫下每一字句，寄贈給他。這裡使用「薑芽」典故，和同卷另一首〈連日為人作書盡數十紙〉所謂「元和腳」，都和唐代柳宗元、劉禹錫的酬戲贈答相關。

《知稼軒詩》概說

　　事情起於柳宗元的詩（約作於元和十一年，815）：「書成欲寄庾安西，紙背應勞手自題。聞道近來諸子弟，臨池尋已厭家雞。」劉柳兩人藉由習書、論書稍慰遷謫覊思。詩中用了王羲之和庾翼的故事。庾翼與王羲之都擅長書法，當庾翼看到自己子侄不學他而改學王，心中十分不平，便寫信給人，說小兒輩不愛家雞愛野雉。柳在此自喻為書藝勝一籌的王羲之，把劉禹錫比作書法落敗的安西將軍庾翼，以「厭家雞」，詼諧開起玩笑，戲謔劉家小孩不追隨父親，反而要來和他學字。劉禹錫因而回詩說：「日日臨池弄小雛，還思寫論付官奴。柳家新樣元和腳，且盡薑芽斂手徒。」兩人就這樣來來回回寫了八首詩，柳五首，劉三首。

　　詩的意思不好理解，詮釋各有不同，劉禹錫這首根據章士釗《柳文指要》下冊卷十三〈劉柳詩中誤解〉的判讀，認為劉禹錫也開玩笑回應，說他日日教導小兒學習書法，還想要寫出書法論著，就像王羲之親授兒子王獻之一般。「官奴」是王獻之的小名，因此這裡是自比王羲之，也就是不同意柳宗元說他如庾翼，他不僅要扳回一城，還反擊「柳家新款字式不佳，人人望而束手不敢動筆」，言下之意，他的小孩不會跟柳學習。

　　柳宗元得詩後，回贈兩首，第二首說：「世上悠悠不識真，薑芽盡是捧心人。若道柳家無子弟，往年何事乞西賓？」意思是世人往往荒謬不識真貨，包括你也一樣，那些「薑芽」之徒都只是東施效顰捧心而已，你若認為我柳家書法不佳，沒有傳承的子弟，先前為何還找我寫班固〈西都賦〉呢？

由此看來,「薑芽」起初的意思是手指;「元和腳」是元和時代柳宗元書法的戲稱,腳,指筆形中的捺,俗稱捺腳。二者在劉柳酬贈中都有貶意。後來蘇軾〈柳氏二外甥求筆跡〉第一首:「君家自有元和腳,莫厭家雞更問人。」則是正面看待「元和腳」。蘇軾自稱「性喜寫字」,他的堂妹嫁給書法家柳瑾之子柳仲遠,生了兩個兒子,小孩見舅舅來了,想跟他學字,蘇軾就以劉柳二人的詩典,稱讚柳家本有書藝傳統,何須再向外學習呢?

　　蘇軾除了文學創作有極高的成就,在書畫領域,也不遑多讓。他擅長墨竹、枯木、怪石等文人畫,書法也影響貫穿整個清朝,他的作品用墨飽滿,給人的觀感剛正敦實,而其用筆,在繼承傳統的同時又開新特色,通過變古為今、削繁就簡,形成敦厚而又灑脫的蘇體。蘇軾將情感付諸字跡形貌,獨特書寫習慣是:用墨濃重、結體扁平、字體大小懸殊、法度隨意自然,形成行雲流水、醉而有序,骨氣豪邁超逸的筆風。

　　「薑芽」、「元和腳」到了張元奇詩中,以他的看法,兩者意思其實差別不大,就是有規規矩矩卻束手束腳無法施展開來的味道,這並非他真正追求的境界,他的詩中自道平生寫字最不慣拘束,他寧可帶著醉意欹斜的寫,自我感覺字體還寫的不錯!由張元奇現今存世書跡,確實可以看出他的書風筆圓韻勝,一如蘇軾〈次韻子由論書〉說:「端壯雜流麗,剛健含婀娜。」因此,張元奇不僅詩學蘇軾而已,在書法意境上也頗有傳習。

《清外史》概說

中華民國三年三月出版

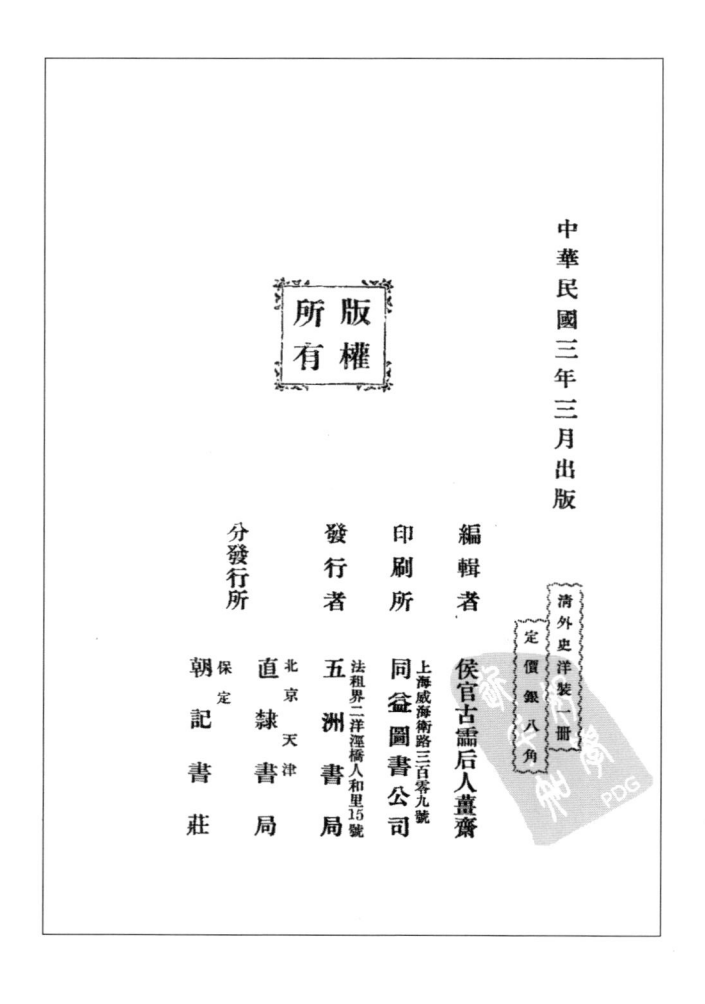

版權所有

編輯者	侯官古孺后人薑齋
印刷所	上海威海衛路三百零九號 同益圖書公司
發行者	法租界二洋涇橋人和里15號 五洲書局
分發行所	北京天津 直隸書局 保定 朝記書莊

清外史洋裝一冊
定價銀八角

例言

張元奇

＊記事不實，非信史也。是編力袪此病。
＊國家之敗由官；邪官之失德，由寵賂。是編於此，志之特詳。
＊史有體例，固不可越。然必拘於本紀、列傳、書、志，徵引必多，故變例以求直捷。
＊凡記事能使閱者有興會之趣，腦力既省，記憶尤易，必擷新擇要，而敘事尤必簡潔，文法尤必流轉。集中所記，雖拉雜隨筆，而於每朝必系總論，以清朝代。
＊交涉一門，非有專書，不能完璧。是編所引，擇要而言。
＊典禮以下八章，略仿班志例，以詳掌故。
＊滿朝武功，由「朝鮮之役」至「西藏之役」為盛，時代由「中英之役」至「中俄密約之役」為衰。時代雖陳，事必彙記。
＊集中所載，間有關個人事者，均眾所周知，且有見報章者，故據實援引，非有私怨於其間也。
＊十四表均關要事，採自時人所作，便學者考證。
＊請安、請託、大人翎頂、鳴鑼喝道，均滿朝特別怪象也。雖細事，亦必記。
＊衛正叔有言曰：「他人作書，惟恐不出諸己；某作書，惟恐不出諸人。」是編亦師其意。
＊大事已見《東華錄》各本者，概不登載。

序言

張元奇

　　作史不可以無貶。貶也者，直筆也。孔子作《春秋》而亂臣賊子懼，何懼乎？懼其貶己，直言不諱也。近代史官，不脫頌揚，忌諱尤甚。欲申其義，故曲其文；因曲其文，寧失其實。病由攀龍附鳳、獵心梯榮，神聖文明，諛詞滿紙。間或傳述，得之故老，恐蹈荊棘，撏撦鋪張。吁！是崔浩之穢史耳！何直筆足云？

　　史之義貴嚴，而其例貴寬。義嚴，則筆挾風霜，權奸褫魄；例寬，則私家記載，多所採擇。對於國戚，補其未詳，與其專壹頌揚，故曲其文也，庸愈於潘勗九錫乎？與其恐觸忌諱，寧失其實也，庸愈於斷爛朝報乎？

　　故人謂褒之猶貶，吾謂貶足貶褒。人謂褒之用，可以寓與人為善之心；吾謂貶之用，尤以長遷善去惡之念。今試以清史論，會典、實錄、方略、國史之成於達官者，大抵皆天王明聖，申、甫崧生類耳。次而《聖武記》、《東華錄》，即其命名，可以知其意恉矣！

　　夫以易代之人，編勝朝之史，當不惜委曲瞻徇掩蓋之，況以本朝之人，編本朝之史乎！況其在文字獄發生日乎！又試以《明史》論，張煌言、李定國諸公，非錚錚鐵漢，不事二朝乎？而不為立傳，雖萬季野曾與此役，而編纂牛耳，仍操諸王橫雲、張桐城之手，直乎？曲乎？明眼人自有公論矣！

《清外史》概說

余病夫清史各編，多曲筆也（如傅臘塔為明珠死黨，阮元依附和珅，李元度《先正事略》，竟將二人入之〈名臣傳〉），歲壬子，寓公滬上，暇取平日所見，與海上所聞，拉雜記憶，隨而筆之，條而綴之，積久盈篋，得二百四十餘章。不諱者，記其實也；不專壹於揚者，公也；間以己意，折中一二，論其世也。直筆與否，余不敢知，而取諸家之詳，補《清史》之略，其於頌揚、忌諱，兩無成心，非乎？是乎？笑乎？罵乎？世有通人，必能匡余不逮矣！

又觀明思宗之言曰：「朕非亡國之君，諸臣皆亡國之臣。」惟清亦然。嗚呼！可以知是編之本旨矣！

民國二年十一月三十號，侯官 古靁后人薑齋序於滬上寄蝸

《清外史》概說

林伯謙

一、作者不直書姓名的緣由

民國二年十一月完稿的《清外史》，作者〈序言〉題「侯官古鷪（靈）后（後）人薑齋」，實際就是光緒十二年（1886）進士張元奇。張元奇字君常，晚號薑齋，其出版《知稼軒詩》、《知稼軒詩續刻》，封面都寫「薑齋自題」，而詩序則寫本名「侯官張元奇」、「元奇」，全不似《清外史》這般寫法。他是福建侯官上街鎮厚美村人，之所以稱「古靈後人」，正因北宋陳襄（1017-1080）也是侯官縣人，居住於古靈村，人稱古靈先生，有《古靈集》傳世。陳襄平生為官恤念百姓，不畏權貴，曾知諫院，上疏論青苗法之害，奏請貶斥王安石、呂惠卿以謝天下，所以受到鄉邑後人張元奇的景仰，而張元奇也曾擔任御史，勇於彈劾執政慶親王奕劻之子載振，兩人經歷有相似處，故以此取名非常妥適。

張元奇文筆矯健，考中進士便入翰林院學習三年，清代翰林院的職掌是編修國史、記錄皇帝起居注、撰寫詔誥敕命、編纂文史巨籍，或為皇帝進講經書、扈從巡幸、入南書房值侍、在上書房為皇子皇孫授讀、稽查理藩院檔案、外放學政擔任主考，以及考選、教習庶吉士等等，因此對於修史確實很早就受過專門訓練；同時他還曾擔任《邵武府志》總纂，所以能在短時間完成此部《清外史》。讀者見其題名，其實不難推想

得知作者是誰；然而隨侍光緒十九年，負責撰寫皇帝起居注的惲毓鼎（1862-1917）在《澄齋日記》卻說：

> 在農會借得《清外史》一冊，撰者不著姓名……。

接下來就是一頓批評，沒有好話。惲毓鼎與張元奇兩人不僅相識，並有詩歌往來，張元奇於光緒34年12月至宣統3年（1908-1911）間所著《遼東續集》就有〈次韻寄和澄齋學士初冬見憶，兼懷孟樂〉。惲毓鼎字澄齋，「次韻」是與人酬和，仿照對方來詩用韻，依韻字前後順序贈答。可見是惲毓鼎先寫詩憶念，張元奇才次韻酬贈；但由於兩人政治立場與史觀迥異，因此惲毓鼎恐已心知肚明，卻不道破，他虛稱不知著者，正可避免大肆批評的尷尬。在《清外史・例言》也引錄一則南宋衛湜（字正叔）著述的觀念：

> 衛正叔有言曰：「他人作書，惟恐不出諸己；某作書，惟恐不出諸人。」是編亦師其意。

衛湜的意思是別人著作總希望成一家之言，但他寫書都是採集眾家之說，所謂「惟恐不出諸人」，應是不想偏於個人主觀；張元奇寫的是史書，史書貴於「褒貶是非，紀別異同」，也就是不能不彰善癉惡，樹立風聲。史學家要能甄別史料，具體提出對錯褒貶，當然不可能沒有主觀評價，所以張元奇師法此種理念，應當指的是唯恐不出於天下之公論，而非一

己之私言；既以大公無私為依歸，便與本書不直書姓名有關聯。身為草擬清帝退位詔書而後離職的清廷一員，必然接近官場權力核心、結識許多政壇人物，目睹耳聞諸多貪贓枉法弊案，〈例言〉第一、二條便開門見山直說：「記事不實，非信史也。是編力袪此病。」「國家之敗由官；邪官之失德，由寵賂。是編於此，志之特詳。」因此書中對於滿清統治，官箴敗壞多所揭露和批判，對周遭親友涉入也不多加隱諱，如好友徐世昌、姻親郭曾炘等人，他皆論及：

> 宣統三年為清祚垂亡之日，而紛紜錯亂，政出多門，尤此時為甚。載灃為攝政，軍國一切，主張其半；隆裕為太后，凡事稟命，又主其半。政府則奕劻一派，濤、洵二貝勒一派，張之洞一派，那桐一派，徐世昌一派。東螢西觸，各樹旗鼓，鬥意見，為問題，而宗旨總不外「權力」二字。屠門大嚼，一飽無時，而清社不臘矣。（〈論宣統十世〉）

> 許（應騤）於光緒乙亥恩科典閩試，闡京僚如尚書陳璧、侍郎郭曾炘、御史葉芾棠，均許門下士，故尤肆無忌憚云。（〈論近代閩督〉）

再如他與同鄉詩友兼姻親陳衍相交多年，陳衍卻是在他所批評的張之洞麾下任職；還有常相往來的同鄉陳寶琛、鄭孝胥是溥儀帝師，他們一向擁戴清朝。有趣的是，張元奇《知稼軒

詩》原請鄭孝胥寫序，鄭孝胥轉託陳衍為之，陳衍的序文正巧引述張廣雅（即張之洞，他創立廣雅書院，著有《廣雅堂集》）評論蘇軾、黃庭堅的見解勸勵張元奇，其間複雜關係太過微妙！史家秉筆直書甚屬為難，他的褒貶評價關係個人政治取向，與熟識親友觀念也未必一致，難怪張元奇恨不得都不是自己的意見，而要說博採諸家，「據實援引，非有私怨於其間」。張元奇以一個退職的清臣，為了信史，所以用迂迴方式不直書本名，實有箇中難處！

二、《清外史》非為追逐「清史熱」及商業利益而撰寫

　　1911年10月10日辛亥革命推翻滿清，結束了中國君主專制政體，建立共和；隔年2月12日（即宣統三年十二月二十五日），清廷頒布退位詔書，張元奇從擔任學部副大臣，到四五月間，又短暫供職內務部次長，隨即卸任，居住於天津，此期間有《津門集》詩稿；而「歲壬子（1912），寓公滬上」，顯然他還客居上海，並從事《清外史》寫作，「暇取平日所見，與海上所聞，拉雜記憶，隨而筆之，條而綴之，積久盈篋，得二百四十餘章。」張元奇為何在清帝剛退位不久便離職著書？郭曾炘〈原任奉天巡按使張君墓誌銘〉僅說：「奄值國變，偃轍杜門。」而蔡炯昊〈眾聲喧嘩：民國初年的「清史熱」〉則談及：「報章之上刊登的書籍與戲曲廣告，即可看出當時確實出現了一股『清史熱』。」莫非張元奇有感於這股熱潮而棄職改事撰述？有學者甚至認為張元奇出書，並在《申報》刊登七次廣告，「不可能完全沒有商業上的考量。」

私意以為文獻資料擺在眼前，可以做各種判讀，但合乎情理乃最首要。張元奇實際並不因「清史熱」及個人商業利益而撰寫史書，茲辨析如下：

（一）所謂「熱」，即是一股熱潮，要使人達到有感，需經一段時間醞釀，而張元奇在宣統退位便辭官從事撰述，清史之「熱」，能在那麼短時間形成，讓他有感並且受影響跟進嗎？

（二）民眾茶餘飯後談論事情，不免喜好添油加醋，以訛傳訛，東漢王充《論衡・對作》早說過真實的事情無法滿足人心，只有虛假增飾過的妄言才讓人驚耳動心：

> 世俗之性，好奇怪之語，說（悅）虛妄之文。何則？實事不能快意，而華虛驚耳動心也。是故才能之士，好談論者，增益實事，為美盛之語；用筆墨者，造生空文，為虛妄之傳。聽者以為真然，說（悅）而不舍；覽者以為實事，傳而不絕。

蔡炯昊該文也以為荒誕不經之說，可能比嚴正之作的讀者還多；換言之，清史「熱」的是那些污衊不經傳言，孟森《心史叢刊・序》即指出清代禁網太密，才導致產生反動力，形成許多不實的言談：

> 有清易代之後，史無成書，談故事者，樂數清代事

實;又以清世禁網太密,乾隆間更假四庫館為名,術取威脅,焚毀改竄,甚於焚書坑儒之禍。弛禁以後,其反動之力,遂成無數不經污蔑之談。

反觀張元奇《清外史》直言敢論,探求清廷之所以滅亡,強調信史可稽,他並不迎合消費市場,走譁眾取寵、聳人聽聞路線,豈會是因「熱」而決意撰寫?

(三)張元奇卸下官職,到了十一月即受命為福建民政長,這證明他人脈尚在,並未脫離政治圈,甚至後來還擔任奉天巡按使,因此在改朝換代之際辭官,絕非為了悠遊林泉,或欲轉換跑道,改以寫作營生,企圖求取名聲,成為暢銷作家,又怎會慮及商業出版利益?若是注重暢銷書的利潤,就會搜奇獵異以贏得銷售成績,但他記事求真是尚,出版目的明顯不是為了寫書賺錢。

(四)現今出版業頗有式微之勢,但出版社仍然努力經營,為新書做各種文宣,或者採用發表會、訪談等多元行銷方式,讓讀者認識新書,增加購買意願。反觀民初業者,何嘗不然?書商考慮盈利,進行廣告宣傳無可厚非,卻不能因此推論新書打廣告,就是張元奇個人有商業利益考量。

三、有計畫目的性的專書寫作

張元奇既不是有感於「清史熱」,也不是為賺取商業利益而寫作,那麼身為清臣,何以卸職馬上撰寫批判滿清寵賂貪腐

的《清外史》?「他人有心,予忖度之」,根據《清外史》紀錄滿清必然走向滅亡的內容,私意以為他是有計畫有目的寫作;他是藉有限空閒期間,寫一部宣導朝代鼎革之必然的歷史著作。

《清外史・例言》開宗明義強調「信史」;強調國家崩壞,皆因邪官寵賂,這正揭示出全書主旨:崩壞的滿清已不可救。《清外史》記載滿清貪腐之處相當多,明崇禎帝自縊後,清兵入關,1644年6月,南明弘光政權在南京建立,左懋第、陳洪範便請北使清廷,弘光帝准許他們攜帶大批金銀綢緞出使,《清外史・滿臣之貪》寫下此段史事,正可見滿族陋習之來有自:

> 左懋第、陳洪範之北使也,賫銀幣行。至京,滿內院官來收,使者曰:「銀幣是送汝們的,正該收去!銀鞘(按:「鞘」是將竹木挖空,用來盛裝銀兩的器具)十萬、金一千、蟒緞二千六百疋,先付。」外賜吳三桂銀一萬、緞二千疋,三桂不敢拜詔,使者亦未給之。滿臣見十萬外,尚有餘鞘,輒起攘奪。使者曰:「此銀、緞係新皇帝賞吳三桂的,既到此地,汝們亦收去轉付。」滿臣鼓掌踴躍,馱負而去。

即使康雍乾三朝是滿清盛世,張元奇依然予以撻伐,如〈論康熙二世〉說:「貪婪之風,傳染最盛。」此種惡風至末代宣統時期仍舊不減。當光緒與慈禧相繼駕崩,醇親王載灃監國攝

政,他是光緒異母弟,宣統皇帝溥儀生父。在〈載洵壯遊〉同樣記載這批位居烝民之上的貪腐高層打秋風毫不避忌:

> 貝勒載洵,攝政王載灃弟也。年纔二十,翩翩華貴,即管理海軍焉,其實軍事一無知識也。慫恿載灃,出洋遊歷,於是以薩鎮冰為前馬陪之。過滬,適端方督兩江,迓之來寧,遊莫愁湖,一宿去。即此一宿,而鋪墊費已達六萬。酒席、土物又萬餘,各官贐儀,端方十萬,餘亦數萬,聞洵之意尚不滿於端。計其一路所過,虛花之款,達數十萬,至外國所費,尚不計數。據內府人云,原擬四百萬,不知能敷衍否?

再看宣統初政之際,名臣張之洞(直隸南皮縣人,故世稱張南皮)特受恩眷,秉持政權,張元奇於〈張之洞身後論〉卻對他貶多於褒:

> 滿朝政府,風氣之壞,朋黨之習,張桐城(張廷玉)創之,于金壇(于敏中)成之。南皮所異金壇,僅不殖貨耳。其城府之深沉,遇事之剛愎,趨避之機巧,與金壇沆瀣一氣,其開各疆臣借外債之風,供一己揮霍,以誤國誤民,則不能為之曲諱矣。

《清外史》書中關於雍正朝張廷玉樹黨一再提起,而乾隆朝于敏中則踵繼其後,在〈于敏中〉該條說得非常清楚:

> 滿朝大臣，秉政有權力者，雍正時桐城張廷玉，乾隆時金壇于敏中。然張雖攬權樹黨，當高宗初政，尚未敢肆無忌憚，一傳而至金壇，其派始大，朝局士風，為之大變，後來諸人，皆謹守衣缽。世謂金壇秉政，為君子小人消長之漸，而國家始亂之分，非苛論也。金壇之殖貨，視桐城為甚，而其傾陷正人，視桐城尤為辣手。高宗始為所蒙，久而覺之，而根基已固矣。

至於對張之洞這位晚清名臣沒有一味褒揚的，也不僅張元奇一人，如李希聖《庚子國變記》即云：

> 張之洞初上書請聯俄，戊戌以後，又主聯英日，實忌鴻章居大名，欲立異以抗之；然鴻章盛時，之洞依附之獨諂。之洞佞巧善迎合，不主故常，薦吳永為異才，尤為時所笑；然北人以善宦致總督，惟之洞為有聲。

張元奇評價張之洞，認為他和于敏中相異之處僅在不貪財聚斂，其餘論心機、行事、手腕可說沆瀣一氣，尤其他開啟封疆大吏舉借外債，更使如同風燭殘年的國家油盡燈枯。鎮守一方的朝廷要員如此揮霍，在趙爾巽等著《清史稿》的評論則說：「之洞短身巨髯，風儀峻整。蒞官所至，必有興作，務宏大，不問費多寡。愛才好客，名流文士爭趨之。任疆寄數十年，及卒，家不增一畝云。」張之洞過世，「家不增一畝」，可見他確實不斂財；然而「蒞官所至，必有興作，務宏

大,不問費多寡。」話說得隱晦含蓄,這就有賴《清外史》予以發明了。再觀當時皇室奢靡、列強侵凌,《清外史》記載太監寇連材勸說慈禧,國帑空虛,民力凋敝,請節省費用,罷頤和園工程,竟遭慈禧杖殺;又如義和團導致八國聯軍,簽下庚子賠款四億五千萬兩,這種種事實證明清廷已到內外交迫,病入膏肓的境地。〈革命之役〉說:

> 革命之事,原因複雜,已有專書,無容縷述。然其事為一姓專制告終,而五族共和告始,中國數千年之創局也。故留章名,謹附夏五、郭公之例。

張元奇說不詳述清末革命原因,其實書中已蘊含不得不革命的理由。雖然文末婉言只留個標題,遵從《春秋》案例:「故留章名,謹附夏五、郭公之例。」「夏五」是《春秋》桓公十四年經文脫漏剩此二字;「郭公」是《春秋》莊公二十四年經文脫漏剩此二字。用此典故,說明他刻意留白,但「其事為一姓專制告終,而五族共和告始,中國數千年之創局也。」短短幾句,已可見他對此種創局的期待;他當然更期盼藉此書喚醒民心,包括他所熟悉往來的知名士流,都能體會大勢所趨,革故鼎新。

然而人的腦筋僵固性,往往不是憑一本書就能得到解放,頂多只是在讀者的心田播下一粒與先前觀念迥異的種子。以《史記‧儒林傳》記載西漢時期的一場辯論為例:轅固生曾與黃生在景帝面前爭論湯武革命問題,黃生說:「商湯、周武並

非受天命得天下，而是以下犯上的弒君。」轅固生反駁說：「桀、紂暴虐昏亂，天下民心都歸向湯、武，湯、武順應民心而誅桀、紂；桀、紂的百姓不肯被奴役而歸附湯、武，湯、武不得已才即位，這不是受天命又是甚麼？」黃生說：「帽子雖破，也一定戴在頭上；鞋子雖新，也一定穿在腳下，這是上下有別之理。桀、紂雖失道，仍是在上位的君主；湯、武雖聖明，還是居下位的臣子。君主有過，臣下不能正言匡過，使天子得到尊崇，反而趁他們犯錯誅殺，取而代之，這不是弒君，又是甚麼？」轅固生答道：「若按你的說法，那麼高祖代秦即天子位，也不對了嗎？」轅固生將高祖劉邦滅秦建國的史事搬出來，景帝只好出面打圓場，止息這場爭辯。從另一角度看，漢代從高祖到惠帝，再到文帝，然後再傳景帝，歷經數十年，但朝代鼎革是否順天應人的問題，仍有不同立場的堅持者，由此可見根深柢固的觀念想要立即扭轉，實在太難！

四、《清外史》的史觀

《四庫全書總目・史部總敘》談及古來史籍可分十五類：正史、編年、別史、雜史、詔令奏議、傳記、史鈔、載記、時令、地理、職官、政書、目錄、史評、譜牒。《清外史》屬於哪一類？正史是史官對歷史的翔實記錄，是經過國家正式認定，「未經宸斷者，則悉不濫登」，在清代原有二十四部，後增《清史稿》為二十五部；別史是上不至於正史，下不至於雜史，是正史歧出旁分，記歷代或一代史實，如《逸周書》、《東觀漢記》、《大金國志》之類；雜史是事繫廟堂，語關

軍國,或但具一事之始末,非一代之全編;或但述一時之見聞,祇一家之私記,要期遺文舊事,足以存掌故,資考證,備讀史者之參稽。以此三者定義觀之,《清外史》雖屬私修,卷帙並不龐大,卻非一事一時之始末見聞,而是記載滿清十朝史實,可與國史相輔證明,因此應隸屬於「別史類」。張元奇將書名訂為「外史」,「外」與「別」正有意思相近之處。

新、舊《唐書・劉知幾傳》記載劉知幾提出史家必須具備三長,比起文士更為稀罕:「史有三長:才、學、識,世罕兼之,故史者少。」清代章學誠《文史通義・史德》在此基礎,又提出史德:「才學識三者,得一不易,而兼三者為難,能具史識者,必知史德,德者何謂,著書者之心術也。」張元奇進士出身,才學兼備自無疑問,不過許多人只知他是詩人,殊不知他還精工駢文,《洞庭集》收錄一首〈偕王伯屏太守、陶碧軒總戎、魯仲山、侯縉臣兩大令、汪小鐵參軍游君山　有序〉,序文正是以駢文書寫,敘述王伯屏太守來岳陽會同審訊十日,公冗餘暇,秋涼時分,諸人駕舟遊賞洞庭、捨舟屏騎,步行登陟,既倦而烹茶開宴,盡興以歸。這雖是一般登山臨水之筆,卻工整端麗,風韻脫俗。文末總結感懷,「風送馬當,幸逢都督。」使用王勃的典故,王勃的船在馬當遇阻,幸有水神以風力送其至南昌,為閻都督新修好的滕王閣寫出〈滕王閣序〉;「月明牛渚,空憶將軍。」是東晉謝尚鎮守牛渚,秋夜泛舟賞月,恰巧聽聞袁宏誦詩,大加讚賞的典故,李白〈夜泊牛渚懷古〉因而有「牛渚西江夜,青天無片雲。登舟望秋月,空憶謝將軍」的詩句。前後對句的意思

是：雖得到太守賞識，但太守也只是短暫停留於此，自己僅能當成追憶的知音而已。於是用蘇軾「雪泥鴻爪」、「多情應笑我，早生華髮」的典故，嘆息人生足跡如飛鴻踏上雪泥，只遺留爪痕，並自嘲已經鬢生白髮。「漫勞路鬼揶揄」、「多謝山靈迎送」是用東晉羅友被路鬼揶揄、南朝周顒被山神拒絕，不再歡迎他到訪，形容自己外放岳州，仕途失意坎坷，但慶幸神靈樂於接納他，心中充滿感謝。應酬之文寫得深有情味，足見文學功底深厚。茲因難得可貴，特錄於下：

> 伯屏太守奉檄來郡會鞫，兩几相抵，十日弗輟。吏事羈絏，朋簪闊稀，每對湖心，思豁老眼。既望以後，秋露已白，喜廳囚之不繫，命榜人以旋征。驚濤排空，絕江竟去，涼吹出水，叩舷而歌。山逶迤以漸平，樹陰翳而欲合。舍舟而步，乃恣幽討，撫帝女之殘碣，窺老龍之舊宮。蒼梧暮雲，終古鳴咽，古橘寒螿，游人跰躃。朗吟之亭全傾，崇勝之寺小憩。塞路毛竹，千竿萬竿；染衿野花，十步五步。屏騎從而弗御，呼僧侶為前導。乃攀聽濤之閣，一覽全湖之勝。孤帆檻外，瞥若去鳥；老樹港口，鬱為怒虬，八百里之波始興，十二峰之翠如滴。出簷桂馥，聊比小山；沸鼎茶笙，不讓雙井。登陟既倦，觴勺以具，集龍門之賓，開幔亭之宴，江山助吾談屑，冠蓋謝其塵容。看吳楚東南，誰是尊前人物；吞雲夢八九，肯教世事滄桑。嗟夫！勝迹如故，清懽奈何。風送馬當，幸逢都督；月明牛渚，空憶將軍。爪雪

偶留，鬢霜自笑。一麾天遠，漫勞路鬼揶揄；孤舟晚來，多謝山靈迎送。

然而史學家研究歷史，尤其不能不具史識，深明史識者，「善惡必書，使驕君賊臣知懼。」因此《清外史》書中自有史學主觀評斷。史家的史學觀，無法令人人皆滿意，唐代司馬貞〈史記索隱序〉云：「遷自以承五百之運，繼春秋而纂是史，其褒貶覈實，頗亞於丘明之書。」認為司馬遷的《史記》褒貶皆經實際考察，其成就與左丘明不分軒輊；但東漢班固〈典引〉則提及漢明帝對《史記》不滿：「司馬遷著書，成一家之言，揚名後世。至以身陷刑之故，反微文刺譏，貶損當世，非誼士也。」反觀《清外史》的史觀也同樣讓友人惲毓鼎無法接受。

《清外史》十朝論事，共條列242則，每朝皆有總論，每則依次第各立標題，「變例以求直捷」，與正史紀傳體體例不同，是更簡便的條錄形式。張元奇以華夏民族的史觀來看滿清，因此他以明朝滅亡，順治入主為「一世」。清代歷史或說十二朝，或說十朝，這是分關外、關內兩時期的緣故。關外始於1616年努爾哈赤建國號「金」（《清史稿》卷一云：「上即位，建元天命，定國號曰『金』。」）傳位皇太極，才改國號為「大清」（《清史稿》卷三云：「崇德元年夏四月乙酉，祭告天地，行受尊號禮，定有天下之號曰『大清』。」）關內從1644年開始，該年是明思宗崇禎十七年；闖王李自成永昌元年；清世祖順治元年。李自成於此年4月25日（農曆3月

19日）攻入北京，崇禎自縊於煤山，明朝滅亡，史稱甲申之變。原本奉旨勤王的吳三桂退守山海關，引清兵入關，順治入主中國，開啟十朝統治。從順治元年至宣統三年（1912）清帝退位，中華民國成立，清朝共統治二百六十八年。

　　《清外史》在順治之前，簡介滿族源流世系、考證滿族與金同源，第一條就辨明佛庫倫朱果感生的誕妄。在滿族起源傳說中，天帝的小女兒名叫佛庫倫，佛庫倫吞下神雀啣來的朱果，因此受孕生下布庫里雍順，布庫里雍順就是愛新覺羅氏的祖先。張元奇批評這是炫耀愚民，刻意誇張受命自天，而《東華錄》竟載之於國史！又〈藉端起釁〉該條說：「滿朝之崛興，以奴兒哈赤父子，相繼雄武……。奴兒以為明人無能，自是益輕中國。」「努爾哈赤」有多種漢譯名，張元奇是沿用明朝文獻寫成「奴兒哈赤」，有貶抑意味；在〈蠶食之漸〉又說：「洎遼瀋失陷，奴兒遷都之，而錦州、松、杏及大、小陵河，在其掌中，至是明人臥榻之旁，他人鼾睡矣。」這都可知他的史觀是以滿族為入侵者，貶多於褒。張元奇〈例言〉曾說：

　　　　大事已見《東華錄》各本者，概不登載。

《東華錄》是清初編年體斷代史，由蔣良騏於乾隆年間編撰清太祖努爾哈赤至雍正十三年的歷史，因國史館當時設在東華門內，因此書名《東華錄》。《東華錄》掌握許多宮廷深闈實錄，屬於官方正式史料，然由張元奇批評其將佛庫倫傳說也納

入書中,即知他的不屑;在〈序言〉同樣斥責「近代史官,不脫頌揚,忌諱尤甚。」認為成於達官顯要的史籍往往一味歌功頌德:

> 今試以清史論,會典、實錄、方略、國史之成於達官者,大抵皆天王明聖,申、甫崧生類耳。次而《聖武記》、《東華錄》,即其命名,可以知其意恉矣!

「申、甫崧生」是《詩經・大雅・崧高》的典故。詩云:「崧高維嶽,駿極於天,維嶽降神,生甫及申。」申,申伯;甫,甫侯,都是周宣王舅父,西周王朝重臣。崧,同「嵩」,是形容四嶽山勢巍峨,高聳入天,神靈降在四嶽間,而誕生英明的甫侯與申伯。張元奇藉此指清史描述清帝,皆頌讚天命眷顧,使其得天獨厚。《聖武記》又是另一部魏源於道光年間撰寫的滿清記事本末體史書,由卷次名稱〈開國龍興記〉、〈康熙戡定三藩記〉、〈國朝綏服蒙古記〉……,即知是對滿清的褒美稱揚。張元奇不願這麼做,他強調貶以貶褒,則能遷善去惡,因此他更偏重由小見大,因一葉以知秋。

自清兵入關以來,為了鞏固政權、確保滿族利益,進行了多次大規模鎮壓屠殺及文字獄,對待漢人的政策相對苛刻不公;但隨著時間流逝,八旗子弟逐漸耽逸富貴,墮落腐化,終成無用無能之輩。《清外史》即認為滿族憑恃特權,把持朝政,貪贓昏庸,才使國家走向衰敗:「滿大員之醜類接踵,若

天厚其毒焉。朝局日非，國事日壞，而外侮日濫觴焉。推原禍水，朝內則壞於和珅，而端華、肅順、全慶承沉瀣焉；海疆則壞於耆英，而琦善、伊里布、奕山、奕經繼武焉……。始之終之，左之右之，惟滿人之是倚，一若除此數醜類外，無一漢人足信者，非滿人之自害而何？」(〈論滿人之害滿〉)「同治初元，滿祚絕續，滿漢消長之交也。時滿人知釀禍由己，又無能為力以弭之也，於是始委任漢人，而曾、左、胡、李之徒，得乘時而起，以發展其才。」(〈論同治八世〉)而〈同光樞臣之消長〉說得更明白，同治時期，當國樞臣正式滿漢轉移，由於漢人掌政實力增、能力強，國家才能稍安：

> 同、光之際，當國樞臣，分數時代。同治初元為文祥、沈桂芬時代。時大亂初平，瘡痍未復，正可改革政體，以固國本。文祥雖不學無術，猶知引沈桂芬自助，實為漢人掌握政權嚆矢，故李鴻章、翁同龢亦聯袂而起。時封疆大吏，漢人居半，即樞要之地，實力亦漸加增，同治中葉，宇內得以少安者，職是故也。

張元奇對少部分滿人如圖海、僧格林沁，還是給予正面評價，但多數都無好話佳評，至於重用漢人，也認為只是清廷沒辦法的選擇而已。再從另方面看，他還非常重視漢民族氣節，在〈序言〉就提及張煌言、李定國諸公錚錚鐵漢，不事二朝，只是纂修《明史》掌控在屈於威權的王鴻緒、張廷玉手中，終不為之立傳，實屬不公，因此在〈靖海之役〉詳記張煌

言事跡，並加按語：

> 《明史》不為先生立傳，豈信史哉！又按清祚傾覆，內外大臣，如先生者何人？可惡！

甚至〈日本人安積信論詩〉該條，藉由日人安積信評吳偉業（號梅村）改節事清，致有損其文學聲望，而在按語慨歎士人不可不砥礪志節：

>「梅村受知莊烈帝（明崇禎帝諡號），南宮首策，蓮炬賜婚，不十年至宮詹學士。當都城失守，帝殉社稷，不能與陳臥子（陳子龍，字臥子）、黃蘊生（黃淳耀，字蘊生）諸賢改命遂志，又不能與顧亭林（顧炎武，學者尊為亭林先生）、紀伯紫（紀映鍾，字伯紫）諸子自放山水之間。委蛇優柔，竟事二姓，是則不及尚書（王士禛，號阮亭）之峻謹，隨園（袁枚）之清高矣！向使梅村能取義成仁，或隱身岩穴，其節操文章，均足為後學標準。而世所推一代冠冕者，將不在阮亭而在梅村矣。豈不惜哉！」按：東鄰之於梅村，其傾倒固已極點，獨嘆惜其品節，士其可不立志哉！

國家不能無綱常，士人不能少節操。張元奇史筆義法貴嚴切，敘事尚簡潔，對這個土崩魚爛的入侵民族痛下針砭，而非諛詞滿紙，頗便於讀者覽記。滿清封建王朝跟不上世界趨

勢,遠遠落後於虎視眈眈諸列強,最後滅亡退出舞臺,乃是必然的結局。《清外史》將前代歷史教訓轉化成為借鏡,正是「前事不忘,後事之師」。

五、關於民國三年出版的《清外史》

張元奇《清外史》雖在民國二年底完稿,但正式出版已到三年春季。民國二年他在福建擔任省長(民政長)時,還出版六卷本《知稼軒詩》,因此整部《清外史》寫作時間不長,便付手民印刷行世,書因排字疏忽,造成錯誤頗多,卻未校出,顯然刊行過於倉促。

文海出版社《近代中國史料叢刊三編第六十一輯》收《清外史》一部。由其所影印版權頁可知當時是上海五洲書局於民國三年三月出版,此書為便於讀者閱讀,在字旁有小圈斷句,並畫上人名、地名號以利閱讀,但疏漏多不勝載!這固然是書局編輯之責;但錯字多,校對不仔細,作者也有文責。茲舉例如下:

條目	原文	勘誤
〈序言〉	傅獵塔為明珠死黨	傅臘塔為明珠死黨(書中〈明珠〉、〈附錄郭琇疏〉條,皆寫「傅臘塔」,無誤。)
38.〈會議張拳〉	雞肋何足飽尊拳?	雞肋何足飽尊拳?
47.〈衙門〉	齊脫貂裘猁猞猻	齊脫貂裘猞猁猻
51.〈九學哭廟〉	如喪考批	如喪考妣
53.〈書呂留良事〉附論《南雷文案》	而遑哀旦中乎	而遑哀旦中乎

《清外史》概說

條目	原文	勘誤
58.〈文字之獄・程明禋〉	程門人生員楊殿才、胡高同、王學華	程門人生員楊殿才、胡高同、王國華
	引用秦昭王上已置酒事	引用秦昭王上已置酒事（「已」多處訛誤）
71.〈軍機處〉	清延以內閣在太和門外	清廷以內閣在太和門外
105.〈諭暹羅檄〉	諭暹羅椒	諭暹羅檄
109.〈記尹嘉銓事〉	檢查家銓所著各書	檢查嘉銓所著各書
122.〈于敏中〉	視桐城尤為竦手	視桐城尤為辣手
137.〈書泰安徐文誥疑獄〉	栢水柱	柏永柱（「栢」通「柏」，全文應統一）
139.〈論道光六世〉	已蕩搖基楚矣	已蕩搖基礎矣
147.〈書三總兵同日死事〉	櫜王體，死尤慘	糜王體，死尤慘
157.〈書何桂珍死事〉	巡撫福濟椒何募勇出征	巡撫福濟檄何募勇出征
	招降捻服李兆受、馬超江等	招降捻股李兆受、馬超江等
171.〈胡林翼名言〉	於清端羅城之事	于清端羅城之事（于成龍，謚「清端」）
186.〈徐、許、袁三君子奏稿〉	匪首朱紅登	匪首朱紅燈
	將城內外壇棚盡行折去	將城內外壇棚盡行拆去
196.〈繼昌醜史〉	而牀第酬應，愈行空疏	而牀笫酬應，愈行空疏
	在湘運喪	在湘連喪
207.〈大人之怪稱〉	凡宣大之守巡	凡宣大之巡守
215.〈宗教〉	於是提防大潰矣	於是堤防大潰矣
216.〈食貨〉	〈滿州金礦表〉俄人伯西的布撰《滿州志》載	〈滿洲金礦表〉俄人伯西的布撰《滿洲志》載
217.〈法律〉	隨開皇中，定笞、杖、流、徒、死，為五刑	隋開皇中，定笞、杖、流、徒、死，為五刑
	宋與明擴揯而損益之	宋與明擴揯而損益之（「擴」古同「揯」，無兩字成詞者，故推測「揯」應訂正。）
225.〈大小兩金川之役〉	革布扎什	革布什扎
230.〈新疆之役〉	又有內地摘戍留屯	又有內地謫戍留屯

229

條目	原文	勘誤
232.〈金田之役〉	克九洑州敵壘	克九洑洲敵壘
233.〈義和團之役〉	賠款四萬五千萬兩	賠款四萬萬五千萬兩
239.〈中東之役〉	帥海軍弛入漢城	帥海軍馳入漢城
220.〈靖海之役〉	甘煇死之，成攻遁還島	甘煇死之，成功遁還島
241.〈記蒙古土風二十四事〉	艾蘭	斐闌

　　現代語文「坐」、「座」用法有別，但古書可以通用，所以像120條〈西峯寺案〉「有西峯寺一坐」、218條〈河渠‧靳輔〉「築減水壩十三坐」，可不勘誤；另原書目錄與內文標題也有多條書寫不同之處。諸如此類，可知張元奇當時太匆忙，他爭取時間急於出版，正足以呼應前文說他要寫一部宣導朝代鼎革之必然的歷史著作，以喚醒民心。

　　清華大學出版《張元奇集》收錄筆者〈壯懷隨處須馳放──張元奇《知稼軒詩》與《清外史》〉一文，已提到全書並非毫無瑕疵，例如像〈記蒙古土風二十四事〉說：「清高宗有蒙古土風詩二十四首。」其實乾隆是分寫蒙古、吉林土風詩各十二首等等皆有疏失。下面再舉鼓動義和團之亂的徐桐為例，說明本書與《清史稿》也有相互牴觸的地方；但究竟孰是孰非，或可予研究清史學者另一面向的考察。義和團之亂在《清外史》有〈義和團之役〉、〈溥儁之立〉、〈懲辦禍首〉、〈徐承煜殺父駭聞〉等條可以互相發明，顯然張元奇對當代大事知之甚詳，尤其徐桐是張元奇進士複試及朝考閱卷大臣之一，且〈徐承煜殺父駭聞〉來自徐家僕人所述，徐承煜無情逼父親徐桐自縊，「殺父」「頗確」：

義和團之亂，頑固黨魁端王外，則有大學士徐桐。及聯軍索懲辦罪首，桐子刑部侍郎承煜，恐禍及己，思死其父以說之也，迫桐自裁。桐曰：「我即死，爾烏能免？」以承煜亦在懲辦之內。承煜曰：「無論能免不能免，汝七十老翁，行將就木，尚何求？我關係一家，浸假汝死解免，豈非以一人而救一家乎？」桐不得已，就縊。承煜唯恐其不即死也，自下手，縮短其繩而緊扣之。俄桐氣絕，家人報承煜，承煜撫桐尸身冰冷，半時，乃放下。未幾，仍舊與毓賢、啟秀同斬決。余時在刑部，書吏聞徐之僕人言，頗確。

徐桐自縊之事尚有其他說法，謂徐承煜聞兩宮西狩，洋兵進城，便倡議父親及全家自殺殉國。起初投井，但井淺人多，於是改懸樑，徐桐臨懸，猶豫顫慄，承煜「極盡人子之勞」，送父歸天。據《清史稿·徐桐傳》則記載：

聯軍入，桐倉皇失措，承煜請曰：「父詫拳匪，外人至，必不免，失大臣體。盍殉國？兒當從侍地下耳！」桐迺投繯死，年八十有二矣。而承煜遂亡走，為日軍所拘，置之順天府尹署，與啟秀俱明年正月正法。

《清史稿》謂徐桐於庚子年（光緒26年，1900）由其子勸請自縊，年八十二。此與《清外史》說義和團事變後，聯軍索懲辦罪首，徐承煜才逼父自盡，當時徐桐為七十老翁，二者有所出

入。李希聖《庚子國變記》有兩條資料清楚載明徐桐遭子勒殺，是在「夷人欲誅首禍」，而非在城破之時，說法與《清外史》相同：

> 桐為人慘急陰深，欲盡殺諸言時務者。城破，桐不知，方坐翰林，以故事見屬官，屬官莫應。已而夷人欲誅首禍，以桐為詞，桐子承煜請桐自裁，桐猶豫，承煜引繩進之，桐不得已就縊，而詐言死於城破時。桐自名正學，每朝奏事，太后至改容禮之，及是而奸盡露矣。

> 啟秀已囚，承煜紿其父，約俱殉，及桐自經，猶視，承煜趣勒殺之。

目前學界皆從《清史稿》，認為徐桐生於嘉慶24年（1819），對《清外史》所載年歲則罕見引述，或亦可備一說。

〈原任奉天巡按使張君墓誌銘〉概說

谋及安時君出行橐彈祖擊誚克獻安始有天相君阮運揚逵逋此勇迅并赴任都
畫史巡撫奉天後入爲經濟調查局總裁終以與藝納未展具用曾炘與君交
察政五十年桑海重遷各已晧首時衡今昔朕冷門章鋒發範流卒造平濟而著詩曰
知桜軒縣如君持身甚行世君騎胸胸指内行事長接幼思義周寄駈許高岳望若
人天夫人洪音琅琅樣符通湳諝俠老謂宜修教羅澗英看賀長往得年六十有三
配王夫人次君三年擧妾王氏子八人長用謙戴國濬軍大學晉科畢業賞
王部會事女八長遠吳孫女二用寬保定軍官學校卒業陸軍部次程用輒用囘科用納
業部會學次末字陳七人二孫女次用國俊軍部畢業次員鄭元卓次程用翔用囘次
適輯韻学八長適黄次滴雨次員次科員次適次李宣錢次舒
道銳未字陳人以戊辰年九月葬君於城北關外二
適韶輯就學女八長適黃次國俊將以戊辰年九月葬君於城北關
山之陽那世見君樣方履正有炳其文光譜層卓榮爲國珍銘曰
嚴細輯就學曉既退濰表莨是用追銘幽宮
吾卿鸞邪有遲捨筒繩柢紳碱俗達且營國步惜花末
神羊馴邪有遲捨筒繩柢紳碱俗達且營國步惜花末
儁高揚己嘆聲參毗雨資越動與俗達旦營國步惜花末
百年製何題技章並定元化寫其芳敬蘭胜士失儔宗明者良貞楨椅號果泉房閒
幽芨銘徵昆倉仍是則

北京城城鸠威朱氏行刻字

原任奉天巡按使張君墓誌銘

同邑鄒曹炘撰文
天津徐世昌書丹
同邑沈巖清篆葢

君諱元奇字貞午晚自號蓮盦世居福州侯官縣之浦峯曾祖諱世東祖諱朝吉

祖諱朝輔考諱國振字培泉贈資政大夫妣陳生大夫子七人君其長也代著長德

宦茲洋一見於異花連進貢院試薦課廣方以午冬鄉薦茂辰成進士典學尹里師生百餘家

嚴丙戌成進士歷朝兩書院誕筑中記萬課御史為國評正卸職中城泰彈擅將智不休

居應王旦躬左朝右鄉居岳州數年隱綠徐公巳總督雖居百廳特進會關熙滿康

務要軸中偶表遺亨方州如時職位啟蒙替去民之日為程挫思州考

川迎道涼擔民外居斯建徐公命設部民視農倪以錦守趙平

泰著泰偽司使奉州暨始省公已總雖東之追甚前夢運功理

始周椎王使遺父封折入政輿學鄴有民值國崇俚敕州雄城不識徐山暨喬殷

〈原任奉天巡按使張君墓誌銘〉

同邑郭曾炘撰文
天津徐世昌書丹
同邑沈敝清篆蓋

　　君諱元奇，字貞午，晚自號薑齋，世居福州侯官縣之厚美堰。曾祖諱世東，祖諱朝言，本生祖諱朝輔，考諱國振，字琯臯，業商。妣氏陳，生丈夫子七人，君其長也。代著長德，家牒詳焉。既承夙緒，篤好儒書，晶白清方，杰出儕輩。總角之年，矜服訓典，里師劉星巖先生，一見矜異，詫為瑰質，卻脯授課，資以卒業。歲路未強，已冠茂秀，乙酉舉孝廉，丙戌成進士，釋褐夷途，進窺中秘。薦擢御史，為國諍臣，節度無雙，不倦榮進。

　　宅憂家居，歷主鳳池、鼇峰兩書院，埏埴英髦，所居成市。甲辰服闋，巡視中城，奏彈回猷，不怵勢要，王臣匪躬，朝右側目。會相國徐公被命，剙設警部，延管民治，高程扶搖，將膺右職，權軸中傷，左遷外郡。居岳州數年，隱練職位，昭垂頌聲，去官之日，旄倪驥思，雖潁川遮道，浚儀表邑，以云遺愛，方斯蔑如。

　　時徐公已總督東三省，追甄前勞，以錦州守，奏署奉天民政司使。奉天舊曰陪京，始建行省，華夷雜居，百廢待舉，先幾運功，悉赴周慮，大府交薦，垂領封圻，入貳學部，奄值國變，慪輟杜門，絕意仕進。

會閩亂初平,理治需賢,眾望攸推,歸主省政。煦飢咻寒,民用樂康,劃刈雄鯁,不贏餘寸。凶豎惽惽,聚謀反噬,時君出行,裹彈狙擊,旋危就安,殆有天相。君既遭拂逆,浩然勇退。再起,任都肅政史,巡按奉天,復入為經濟調查局總裁,終以與時枘鑿,未展其用。

曾炘與君交垂五十年,桑海重逢,各已皓首,盱衡今昔,聯吟鬥章,鋒發葩流,卒造平澹。所著詩曰《知稼軒集》,如干卷行世。

君持身訒訒,篤於內行,事長接幼,思義周密。軀幹高岳,望若天人,洪音琅琅,機符通澈,浩裾佚老,謂宜修齡,載罹凋辰,奄忽長往,得年六十有三。

配王夫人,後君三年卒;妾王氏、黃氏。子八人,長用謙,英國蒲明罕大學商科畢業,實業部僉事;次用寬,保定軍官學校畢業,陸軍部科員。次用程、用翔、用坦、用桓、用炳、用邁,幼穉就學。女八,長適吳毅,次適黃國俊,次適鄭元卓,次適李宣鉞,次適徐傳魁,次適翁敬樺,餘未字。孫七人,孫女二。

用謙等將以戊辰年九月,葬君於會城北關外二鳳山之陽,邢景既邈,淵衷莫忘,是用追褎懿行,勒銘幽宮。

銘曰:

    吾鄉魁碩,並世見君。乘方履正,有炳其文。
    岐嶷迭舉,鬱為國珍。翔萃懋列,俾位諫臣。
    神羊觸邪,有還靡捨。端笏垂紳,職是健者。

光譽馨卓，政事之科。吏畏其威，民欽其和。
標高揭己，唾棄夸毗。章甫資越，動與俗違。
目營國步，惜抱未施。含真韜異，煥其文詞。
百年幾何，歸於真宅。元化鳶冥，芳猷簡旺。
士失儀宗，朋喪良質。搷搯號風，泉房閉日。
幽篆銘徽，昆仍是則。

北京琉璃廠文德齋刻字

郭曾炘《匏廬賸草・薑齋墓誌刊成自題草藁後》：

斷硯磨穿筆亦乾，懷君已作古人看。
公車連璧登蓬苑①，諫草傳鈔稱鐵冠。
行狀不應遺治譜，雄才豈止壓騷壇。
回思病榻悲涼語，來言焉知十倍難②。
①兼謂稺惜。
②君在諫垣以劾權貴得名，出守湖外尤多善政，惜家狀太疏略，無從掇輯。晚歲所如不合，則時勢為之也。

〈原任奉天巡按使張君墓誌銘〉概說

林伯謙

〈原任奉天巡按使張君墓誌銘〉拓片珍藏在北京國家圖書館善本庫中,原由清華大學教授林賢光拍攝,並提供簡體打字照片兩張,只是原照字跡過於模糊,辨識困難。今據張鑫誠博士自中國國家數字圖書館「中華古籍資源庫」所得更為清晰檔案,重新校錄。點校文字全依原碑謄寫,惟文中有幾字是電腦沒有的古奧異體,為了方便讀者閱覽,若電腦缺少該字,便將它轉成電腦有的相通字,併此說明,避免誤解。

〈墓誌銘〉由郭曾炘撰文,徐世昌親筆書寫,〈墓誌銘〉石蓋上的12個篆體字,是沈黻清所書,他們與張元奇都有親戚、故舊之誼。

郭曾炘(1855-1928)原名曾炬,字春榆,號匏庵,晚號福廬山人。和張元奇同鄉,大張元奇五歲。光緒元年(1875)舉人,六年(1880)進士,卒贈太子少保,謚號文安;郭張兩家也有姻親關係。汪辟疆《光宣詩壇點將錄》按照《水滸傳》梁山108好漢的順序,將晚清光宣以來192名詩人排了位次,其論述涉及詩人生平、性格、造詣及詩壇地位諸方面,可視為一部簡明近代詩史。因郭曾炘、張元奇、葉在琦都是福建人,彼此有唱酬往來,故同列為「地強星錦毛虎燕順」。汪氏說:「春榆侍郎與弢庵(陳寶琛)、珍午(張元奇字的別種寫法)多倡和,詩刻意杜韓,氣勢深穩。其大篇多不苟作,

朝士輩鮮能及之。珍午以疆吏而能詩，《遼東》一集，已具骨幹，入都返閩後，風骨益高，至自刻《知稼軒詩》，居然作手矣。肖韓（葉在琦）詩從山谷、後山入，亦簡煉有意境。張、葉二家，倡和尤富，造詣亦略同，遂合而傳之。」至於宣統三年頒布的清朝國歌〈鞏金甌〉，文字也由他修訂，滿腹經綸，才情卓越，難怪能將墓志銘寫得如此高雅。

徐世昌（1855-1939），天津人，字卜五，號菊人，又號水竹邨人、弢齋。與張元奇同科進士，是晚清民初重要的政府官員。光緒三十一年（1905）曾任軍機大臣，民國五年（1916）為國務卿，民國七年（1918）10月被國會選為第二任民國大總統。他也是張元奇長女張舒文與吳毅成婚的介紹人。

沈覲清（1863-1938）是沈葆楨長子沈瑋慶的次子，初名照藜，字紀男、紀南。與張元奇同鄉，因祖上庇蔭，被特許具有任官資格，曾任山東蒙陰、聊城、博平知縣、莒州知州，也曾任福建海關銅幣局總文案等職。張元奇長子張用謙的妻子沈佩蘅，即是沈覲清之女。

所謂「墓誌銘」，是古人書寫死者生平事蹟，刻石放在墓中或墳前的文字。內容應包含姓名、字號、鄉里、宗族、行治（行誼治績）、履歷、卒日、壽年、妻子、兒女、葬日、葬地，並且加上字數整齊、兩句一韻的銘文，才算結構完整。本文是張元奇死後六年（1928，戊辰，龍年），由長子用謙等人自京扶柩回鄉，安葬於福州城北二鳳山之陽（山的南側為「陽」）所撰寫。碑刻計32行，行32字，正方並加石蓋，由此形制，知是放在墓中。當時他的元配王善航夫人也已經逝世三年。

二鳳山墳塋的選擇，是張元奇生前就確定，《知稼軒詩・榆園集・人日寄石遺》即說：「近從二鳳營生礦（壙），題碣詩人有姓名。」這首詩是寫給陳衍（號石遺），作於戊午年人日，也就是民國七年農曆正月初七。這時候，張元奇已預先為自己營造生壙，題立碑碣。生壙又有壽域、壽墳、壽藏、壽穴、壽基、生基等多種別稱。勘察風水佳勝的地方，在吉日良辰營造福塚，是從唐代就有的風俗，民間認為壽墳可替生者祈福、添壽、轉運、造財和升官，而當死後埋葬於風水寶地，也能惠澤子孫後代。

　　墓誌一開頭講述家世，張元奇父親張國振的生父是張朝輔，他把兒子過繼給大哥張朝言。張國振「業商」，實際是做裁縫生意，所以並不是資財豐厚的素封之家。他家裡的男孩就有七個，張元奇是老大，要承擔更多責任，所以讀書出仕，一切都是靠自己努力奮鬥而來。所謂「歲路未強，已冠茂秀」，指的就是他不到四十歲，從一介布衣而中舉、成進士、入翰林院，三年後受任編修，又考取御史，至39歲已任江南道監察御史。「歲路」是年紀的意思；《禮記・曲禮上》說：「四十曰強，而仕。」南齊張充寫信給尚書令王儉即說：「丈人歲路未強，學優而仕。」

　　〈墓誌銘〉最後提及張元奇的子女各有八名，共十六人，文中已經將兒子的名字都記上，長子用謙畢業於英國蒲明罕大學商科（即伯明罕大學經濟系），次子用寬從戎，保定軍官學校畢業，兩人都服務於政府部門。在1912年元月3日，各省代表會通過「中華民國臨時政府中央行政各部及其權限」5條，

並由孫大總統頒布。其第1條謂：「中央行政各部如左：陸軍部、海軍部、外交部、司法部、財政部、內政部、教育部、實業部、交通部。」張用謙任實業部僉事，實業部即經濟部前身，僉事相當於副手或助理職務；張用寬則是陸軍科員，其餘諸子年齡還小，尚在就學。至於女兒的名字缺錄，《知稼軒詩・洞庭集》正巧有一首〈九女生，命名金鸂，並系以詩〉，原來他生了九個女兒，詩一起筆就說特別喜歡女孩，非常開心元配王夫人為他生了九女：「我性特愛女，生女亦特奇。一母生九女，大足光門楣。」顯然他沒有重男輕女的陳腐觀念，他的女兒也能光耀門楣。他還介紹八個女兒的小名和生活日常，分別是：雲娟、杏衢、良賓、琴宜、金鼇、娉娉、瓊瓊、金鸂。九女之中有一個可惜夭折，「吹去如遊絲」，這也是〈墓誌銘〉寫「女八」的原因。張元奇最小的女兒名叫金鸂，因為他正好貶來岳州（湖南岳陽等四縣），該地有座金鸂山聳立於湖水邊，他希望女兒「明秀含秋漪」，是像山一般明秀的秋水伊人，所以命名。他思想先進開明，只願孩子健康成長，對子女的教育非常重視，所有女兒也都受教育，詩中還寫到年齡較長的女兒已經會賦詩，讀《列女傳》和〈阿房宮賦〉。在《知稼軒詩》中還見到他教導女兒們背誦、寫詩和閱讀《史記》。

　　值得補述的是，張元奇長子張用謙留英，回國後任職於天津中國銀行，當時銀行隸屬於實業部。他留英前已經婚娶沈佩蘅，所以暑假會乘西伯利亞火車回國，與妻兒團聚。而長孫張翰才留學日本帝大，畢業回國後任職上海中國銀行總行裏

理，1948年調往臺糖公司視察半年，不料1949年大陸失守，一家就留在台灣。

長女雲娟，因在家排行老二（男孩、女孩不分），所以家族稱她二姑婆，她就是已故圍棋名家，號稱「昭和棋聖」的大國手吳清源（本名泉，字清源）的母親張舒文。

張舒文自奉天女子師範學堂畢業，經徐世昌說媒，嫁給鹽商家族吳維貞幼子吳毅，她精通中文和日文，又善持家務，當張元奇公務繁忙時，她能在旁照料；出差時也是重要隨員之一。吳清源1914年出生在福州，排老三，出生不久，吳氏分家，他們全家遷到北京。吳清源小小年紀就被譽為神童，最先是被父親帶去宣武門內的北京棋會所海豐軒，後來還常在中央公園春明館茶座，或到中山公園來今雨軒、北海公園漪瀾堂，與知名棋士下棋。

1925年，吳清源11歲，外公、父親相繼過世，吳家有六個孩子，所以生活漸走下坡。吳清源因為圍棋下得好，所以被帶進執政府，曾和段祺瑞對弈過一次，段祺瑞的生活習慣是每逢星期日，六點左右便與私聘棋士下棋，或觀看棋士的對局，然後請大家共進早餐。當段祺瑞知道吳清源是張元奇的外孫，瞭解吳家近況後，就以獎勵學習的名義，提供獎助，吳清源從此做了段家的棋士，每月領一百大洋，直到1926年4月段祺瑞下臺。1928年10月，張舒文在日本駐北京公使芳澤和中日朋友勸說鼓勵下，毅然同意和長子吳浣（吳滌生）陪同14歲的吳清源前往日本，正式拜在瀨越憲作門下。

從〈張元奇墓誌銘〉可以看到他仕途幾度起落，並非一

帆風順,尤其文中寫他當福建民政長(後來改稱巡按使、省長),嫉恨他的人埋設炸彈想致他死地,幸好吉人天相,安然無恙,卻也令他萌生退意,沈潛一段時間:「會閩亂初平,理治需賢,眾望攸推,歸主省政。煦飢咻寒,民用樂康,剷刈雄鯁,不贏餘寸。凶豎惴惴,聚謀反噬,時君出行,裹彈狙擊,旋危就安,殆有天相。君既遭拂逆,迨然勇退。」

郭曾炘此段文字敘說張元奇在福建省長任上,其實是照顧百姓,讓他們生活過得更好,但因為「剷刈雄鯁」,剷除惡勢力,導致凶人反撲[1]。當時張元奇值得稱道的政績,還有撥款疏浚閩江、加固堤防,堤外栽竹防洪,並捐土地修建新堤,工程至今百餘年沒決堤過。民國四年(1915)堤防竣工,福建省水利局將治水修堤經過,立碑於堰堤前以資紀念。

總結張元奇一生,堅守是非,直言敢諫,不畏權貴與橫逆,正如〈墓誌銘〉所說:「王臣匪躬」、「標高揭己,唾棄夸毗。」「匪」同非,「躬」是自己,意指沒有個人;「標高」不是把自己看得很了不起,而是形容他清高自持;「夸毗」是以諂諛、卑屈取媚於人,此等言行為他所唾棄。也就是說他身為人臣,明辨義理,遇有艱難,絕不屈服,不會只顧自身安危榮利,而是一心為國、為百姓爭取安居樂業的日子。此中短短幾字,一針見血道盡張元奇卓爾不群的精神人格,令人感佩。

---

[1] 張元奇在萬壽橋遭遇炸彈襲擊的真相,另請參見〈張元奇—晚清民初詩人・政治家〉及〈《知稼軒詩》概說〉。

張元奇忠於國家，敏於吏事，惠澤百姓，修齊家門，於公於私盡心奉獻，勞而無怨。郭曾炘和他相交近五十年，形容他身形魁梧，聲如洪鐘，平時他們還會比拚較量一下詩文，對於他待人處事非常了解：「持身輻輻，篤於內行，事長接幼，思義周密。」讚賞他立身恭謹，篤實操守，對待老幼，有情有義，完全是從內心自然散發出一種溫暖的光與熱。當他被中傷貶至湖南，依然恪盡本份，戮力從公，使得百姓感恩戴德，後來奉命移調，百姓不捨，還積極挽留，他題詩〈奉檄移守常德，承郡人上書大府挽留，賦詩志媿，並以留別〉四首，表達感動愧謝的心情，其後又調往奉天，這在〈墓誌銘〉是說：「去官之日，旄倪驥思，雖潁川遮道、浚儀表啚（圖），以云遺愛，方斯蔑如。」「旄倪」是老人和小孩；「驥思」是企望思念。「潁川遮道」、「浚儀表圖」分別用了東漢寇恂、西晉陸雲的典故，這裡以帶有文學誇飾筆法說兩人所留下的功業，還比不上張元奇。

　　《後漢書‧寇恂傳》記載：光武帝南征潁川（今河南省中部），寇恂擔任前驅，盜賊見寇恂到來，紛紛投降，一境平安，所以根本不必再派任寇恂為郡守了，然而百姓紛紛遮道請求，說：「願從陛下復借寇君一年。」於是光武帝從善如流，命寇恂暫駐長社縣，「鎮撫吏民，受納餘降」。

　　《晉書‧陸雲傳》記載：浚儀縣（今河南開封）號稱難以治理，但陸雲到官肅然，下不能欺，市無二價。當地郡守忌妒他的才能，三番兩次刁難譴責，陸雲因此去官，百姓追思他的功績，於是圖畫形象，配饗祭拜他。

「浚儀表圖」有可能是東漢王景事蹟嗎？《後漢書‧循吏傳》說黃河水患已歷經數十年，王景在明帝召見之前已經治理好了浚儀河道，頗有績效，因此又派他治理黃河、汴渠。臨行前，明帝送他《山海經》、《河渠書》、《禹貢圖》。王景「修渠築堤，自滎陽東至千乘海口千餘里」，商度地勢，疏決壅積，十里立一水門，使河汴分流，終於收到防洪、航運和穩定河道的成果。從王景治水後，黃河經歷八百多年沒有發生大改道。

王景修渠築堤遺愛一方的典故，在張元奇確實也有同樣的貢獻，不過並不在岳州，而是在福建省長任上整治閩江。由於文中說的是張元奇去官，人民感念，與治水時間、地點不符，故「浚儀表圖」仍以陸雲的典故最恰當。

最後說到〈墓誌銘〉「入貳學部，奄值國變，偃轍杜門，絕意仕進」此事。張元奇從奉天民政司使（即民政使）走馬上任學部副大臣，當時是為了名正言順來起草宣統皇帝退位詔書，如萬一發生意外狀況，皇帝依然在位沒退，很可能招致難以想像的後果，因此學部大臣唐景崇稱病引退，但張元奇無視危險，義無反顧，慨然身任，雖然詔書完成之後，因為南北政治角力而再三修改，但草創艱難，功不可沒。在他擬稿完成之餘，僅短暫轉任內務部次長，便閉門居家，靜候政界詭譎風雲最終的變化。

1912年2月22日，《申報》在清帝退位十天後，刊出標題為〈清后頒詔遜位時之傷心語〉的報導：「此次宣布共和，清諭係由前清學部次官張元奇擬稿，由徐世昌刪訂潤色，於廿

五日（1912年2月12日，即宣統三年十二月廿五）早九鐘前，清后升養心殿後，由袁世凱君進呈。清后閱未終篇已淚如雨下，隨交世續、徐世昌蓋用御寶。」

　　正由於張元奇勇毅任事，心中只有國家，沒有個人，反而在朝代易鼎之際，被賦予重託，接掌民國時期各項政務，成為晚清民初屹立政壇的「不老松」；他又有詩人天性，除與友朋「聯吟鬥章」，唱酬往還，遇事輒發為吟詠，言之有物，貴尚抒懷，不耽溺於麗辭藻飾，而為動盪大時代留下見證。郭曾炘於完成墓誌銘後，又題詩慨惜家狀太疏略，但〈原任奉天巡按使張君墓誌銘〉已概括張元奇一生六十三年的重要軌跡，讓我們看見一代歷史名人德才兼備，展現忠貞肝膽，滿腔熱腸的人格光輝。

後記──不廢江河萬古流

　　歷史上所謂「十八姓隨王」，是指唐朝末年有十八姓氏追隨閩王王審知兄弟到福建開疆闢土。其中的梁國公張睦，原籍河南光州固始縣，秀才出身，他輔弼閩王，管理商務，招徠船舶商賈，促進貿易繁榮，功勞第一，子孫世代定居在福建東部的閩侯縣上街鎮厚美村。厚美村地處閩江南岸，這裡的村民多姓張，都尊張睦為開枝散葉始祖。

　　「厚」是「民德歸厚」；「美」是「里仁為美」。「厚德載物，美聲遠颺。」許多歷史名人就在這個村落留下足跡，張元奇正是其中之一。張元奇故居現址在厚美村126號，據當地族人說，故居掛有「進士」、「文魁」等匾額，可惜已毀，所幸張氏建祠理事會重製進士匾一方，今懸於張氏宗祠內。張元奇的父親張國振被過繼給親生父親張朝輔之兄朝言，娶陳氏，從事裁縫，家中生養男孩就有七個，食指浩繁，經濟條件不算寬裕。元奇是長子，同胞兄弟有元圖、元霖、元訓、元超四人。他自幼秉賦優異，懂得替父母分憂解勞，對於讀書求學更是珍惜，求知慾高，格外努力上心。

　　在〈原任奉天巡按使張君墓誌銘〉曾說，張元奇鄉里的恩師劉楠（字星巖）先生，發現他穎悟出群，是讀書的料，所以連束脩都主動推辭不收，直到他完成學業。又查閱〈會試硃

249

卷‧張元奇履歷〉，裡頭有許多他親自登錄、依序排列的受業師，第一位叫張榮年（字本彬），他想必就是最早的啟蒙老師。

　　張元奇從南方偏僻小農村，學優而仕，走向波詭雲譎的政治舞臺，也走遍大江南北，結交四面八方各樣人物，見過大場面，不孤陋寡聞，不狹隘守舊，具膽識，有情操，能創新，是有堅持和原則的人，不輕易妥協、隨波逐流，以儒家說法就是「和而不同」，與人和睦共處，卻不盲目苟同。試看他一生在各地仕宦，無不秉公任事，廉能自持，尤其在奉天（遼寧）擔任行政長官最久，力行開源節流，創辦許多社會扶助機構，如貧民習藝所、同善堂、濟良所、粥廠等等，不只照顧弱勢給魚吃，還奉送釣竿，讓社會底層具備一技之長，自給自足，在動盪大時代，維持社會安定發展，最是難能可貴。

　　本書將張元奇定位為「詩人‧政治家」，是因他在晚清民初以出類拔萃之才，為政壇竭慮殫精，付出貢獻，並有十一卷詩集梓行，這樣的稱呼，相當適切，也符合本書內容的介紹；但他的成就是多面向的，他也是書法家，搦管揮翰，元氣淋漓令人歎服，他的書法在藝術品拍賣市場就頗受歡迎；他的學養淵深，見識廣博，能洞燭時勢，不僅是文學創作者，也是歷史評論家，對清朝二百六十八年流風遞變，褒貶與奪，彰善癉惡，筆挾風霜，不容淆亂，也足以垂範人間。只是因為他的詩序提到餘生要多多寫詩，當個詩人，「求吾所好，以詩人終矣」，所以本書用「詩人」二字概括他的文史藝術表現，這當中其實並沒有高下抑揚的分別心在。

後記——不廢江河萬古流

　　2017年10月，張慶先女士姊弟參加「沈氏宗親閩臺尋根團」，首度來到張元奇舊居，感念他一生為國為家，奉獻心力，遂決定留下泥雪鴻跡，讓世人和家族知悉他的事功與人格，只是張元奇才學非常人能望項背，若將他的事蹟和作品用不同語言分享，也需一流的譯者，剛巧張勝先女士的芳鄰是東吳大學前校長千金端木儀民女士，她介紹東吳大學外語學院張上冠院長，因此輾轉詢及中文系，當時侯淑娟主任馬上允諾支持，並委請筆者協助撰寫出書。

　　本書於撰寫之前，已有大量辛苦的工作，由張君耀老師耗費多年的時間精力，蒐羅張元奇相關資料，先完成《張元奇生平事蹟》，再以厚美村史編纂編輯部名義，於2019年6月出版《張元奇傳記》，讓他的聲名在歷史長河，在文苑辭林留下更深刻印記，張老師可謂有筆路藍縷之功；清華大學退休教授林賢光先生則是從舊書網上找到了兩件有關張元奇的重要文獻。一是十一卷複印本《知稼軒詩》，發現其內容涉及中日之戰、日俄之戰、東北大疫等等，富有文史價值。其次是《張元奇會試硃卷》複印本，亦即張元奇在光緒十二年中進士的試卷刻本。另外還在北京國圖找到〈原任奉天巡按使張君墓誌銘〉，並且拍照、打字，分寄給家族留存。

　　張慶先姊弟是元奇公曾孫，慶先女士也完成了〈張元奇小傳〉的寫作，至於我的專業領域是中古文學，對於晚清學術較少涉及，當我收到一部分的資料，先初步從墓誌銘了解張元奇生平，但墓誌銘異體難字非常多，校讎實屬不易，在判讀簡體標點打字版時，發現誤字漏句及斷句等問題，導致全篇有文意

不通,無法理解的現象,可惜墓誌照片模糊反光,只能暫時修訂字句,將可能漏掉的文句以「口口口」呈現,再請教系上資深教授許清雲、陳素素二位先生,勞煩他們揣度研求。許教授從銘文韻部斷定確有字句待補正;陳教授則更發現我二度修訂的墓誌銘仍有缺字;且「浚儀表圖」此句,應以陸雲擔任浚儀縣令的典故最適切。老一輩常說校書如掃落葉,隨掃隨生;尤其當局者迷,若無陳教授從旁指點,恐怕就迷不自知,以假亂真了。於是又重新釐理,但照片字跡實在模糊,遺憾有些字句仍未能判讀精準!所幸柳暗花明,峰迴路轉,當時臺大中研所碩士、現為新加坡國立大學博士候選人張鑫誠先生從古籍資源庫獲得清晰圖檔,墓誌銘原文才終能順利點校完成。

　　筆者最初是在2021年7月與張勝先女士聯繫上,美國加州與臺灣時差15小時,勝先女士除了使用e-mail,也經常透過越洋電話與我詳談,往往因為一張照片或一件事,反覆討論許久;而當下筆之後,又是幾番商榷刪修。勝先女士考慮在曾祖逝世百周年刊行著作,遂委請清華大學出版《張元奇集》,書中包含新點校《知稼軒詩》、《清外史》、覆試一等第一名〈會試硃卷〉、〈原任奉天巡按使張君墓誌銘〉等重要文獻,這是目前最便於現代讀者閱讀的版本,我在書中也以張元奇詩句寫了一篇〈壯懷隨處須馳放——張元奇《知稼軒詩》與《清外史》〉。

　　由於時移世易,現代人對古詩文的理解頗感困難,本書之所以出版,便是進一步介紹張元奇、解說他的作品,讓讀者概略認識著作內容。〈會試硃卷概說〉對於明清八股科考演

後記──不廢江河萬古流

變，及元奇公覆試一等第一名的詩文，有深入淺出的解讀；〈《知稼軒詩》概說〉簡介十一卷詩集與部分詩歌舉隅，為何他的詩是「宋詩體」？他何時來過臺灣？他以一南方人，怎會前往遼寧任職？萬壽橋爆炸案緣由、他的憂國愛家胸懷及書法藝術等等諸多問題，文中都有闡述。〈《清外史》概說〉則是詳加辨析作者的署名，並認為他是有計畫有目的寫作，而非追隨「清史熱」及商業利益才撰寫，同時對於他的史觀也有說明。

孟子說：「頌其詩，讀其書，不知其人可乎？是以論其世也。」對於人物生平事蹟與時代背景必須先了解，才能更深刻閱讀賞析作品。如今透過張慶先女士撰寫的傳記及〈墓誌銘概說〉，相信對於張元奇一生經歷和貢獻會有完整的認識。特別值得一提的是慶先女士邀集親友寫序，表達對先輩一片景仰之心，並託賢婿林文強先生就近與我聯絡出版事宜；而在選錄書前照片時，限於篇幅及全書性質，更與筆者e-mail連月往返，其中艱難取捨與文字斟酌、改易再三之苦心，實非筆墨能形容！

由衷感謝一連串事先無法預料的因緣，才有機會讓這本書呈現在大眾面前。滾滾長江東逝水，自古多少賢良英豪如草木花葉般凋零，不為人們記憶，而張家後人的一番心血，相信足以引發世人及文史學界對處於巨變中的這位「詩人・政治家」有更多關注。惟筆者於寫作過程或有疏忽不周之處，仍祈廣大讀者、學者方家不吝批評賜教。

2024年7月林伯謙謹誌於東吳中文系

張元奇──晚清民初詩人・政治家

國家圖書館出版品預行編目

張元奇：晚清民初詩人.政治家 / 林伯謙, 張慶先, 林文強編著. -- 臺北市：獵海人, 2025.05
　面；　公分
ISBN 978-626-7588-01-7(平裝)

1. CST: 張元奇　2. CST: 傳記

782.882　　　　　　　　　　　113015356

張元奇
──晚清民初詩人・政治家

編　　著／林伯謙、張慶先、林文強
封面設計／楊學玲
出版策劃／獵海人
製作銷售／秀威資訊科技股份有限公司
　　　　　114 台北市內湖區瑞光路76巷69號2樓
　　　　　電話：+886-2-2796-3638
　　　　　傳真：+886-2-2796-1377
網路訂購／秀威書店：https://store.showwe.tw
　　　　　博客來網路書店：https://www.books.com.tw
　　　　　三民網路書店：https://www.m.sanmin.com.tw
　　　　　讀冊生活：https://www.taaze.tw

出版日期／2025年5月
定　　價／NTD 500元

版權所有・翻印必究　All Rights Reserved
Printed in Taiwan